ur, dit-il, ne vous trompez-vous pas?
'argent...à nous? C'est Dieu qui vous envoie!»
main, il sanglotte tout bas;
n cette fois ses larmes ont d'appas!
les larmes de la joie.

que le Ciel au peu de bien qu'on fait
acher de jouissance!
ue déjà la paix de l'innocence
ue à mon cœur satisfait:
ng plus pur circule dans mes veines,

LA FILLE BLEUE.

III.

PARIS. — IMPRIMERIE DE CASIMIR,
Rue de la Vieille-Monnaie, nº 12.

La Fille

BLEUE,

OU

La Novice, l'Archevêque et l'Officier Municipal;

PAR JEAN PIERRE.

TOME TROISIÈME.

PARIS.

LECOINTE ET POUGIN, QUAI DES AUGUSTINS;
PIGOREAU, PLACE SAINT-GERMAIN;
CORBET, QUAI DES AUGUSTINS;
MASSON ET YONET, RUE HAUTEFEUILLE.

1832.

LA FILLE BLEUE.

CHAPITRE PREMIER.

C'ÉTAIT dans l'arrière boutique de Jérôme, où venait de dîner Joseph, peu et mal, mangeant à peine, buvant avec distraction, comme un général qui va livrer sa première bataille, ou, pour mieux dire, comme un amoureux qui va enlever sa maîtresse, et dont la vie entière va changer. Il était seul, il va avoir une compagne, et laquelle encore? Celle qu'il aime, celle qu'il adore, dont il rêve la nuit, dont il rêve le jour; il l'enlève à des grilles, à des verroux, à des religieuses dont on voulait lui faire partager la vie; et viendront les baisers, les sermens, le bonheur de voir de beaux yeux et d'en être regardé; ensuite, il va quitter la France, sa patrie, sa bonne mère, son père si généreux pour lui et si fier de son fils, il va errer à l'étranger. Mais de toutes les manières il allait quitter la France, il allait quitter sa famille. Eh! est-on étranger quelque part avec celle qu'on aime? Celle qu'on aime n'est-ce pas la patrie, la religion, la famille, n'est-ce pas tout? Le voilà un coude sur la table, une main sur son front; il a dit adieu à son père, à sa mère, il attend l'heure; et comme il ne sait pas s'il aura le temps de faire sa toilette à la hâte, et qu'à minuit il faut qu'il aille prendre des mains de M. le marquis de N*** ses dernières dépêches, il est en uniforme.

Jérôme est à table, *lui* aussi, bien assis, comme un homme à qui le travail du jour a donné un vigoureux appétit. Il est amoureux; mais il a sa femme auprès de lui, et son amour satisfait stimule la puissance de son robuste estomac: il regarde son ami, et il boit; il regarde sa femme, et il boit ; il pense à l'enlèvement qui va avoir lieu (il l'espère) dans quelques instans, et il boit. Ce n'est pas un Espagnol, qui tremble en passant dans l'ombre projetée par un couvent, qui est prêt à tomber à genoux devant la robe d'une nonne, qui économise pour faire dire des neuvaines, qui a un poignard béni, un scapulaire béni, une résille bénite, c'est un Français, un homme du faubourg Saint-Antoine, qui va peu à l'église, qui ne connaît son curé que pour l'avoir vu le jour de son mariage, et qui ne regarde les cloches que comme devant sonner à son enterrement, pour peu que son fils donne la pièce à M. le vicaire, et paie à boire au bedeau.

Rose était presque aussi émue que Joseph : d'abord elle s'intéressait à ce jeune homme, si bien fait, si riche et si amoureux; un officier ensuite! Après, elle était pour quelque chose dans cette affaire d'amour; elle en était la messagère. Au moment où Eugénie entrait au couvent, elle avait apparu à la jeune fille comme un présage sauveur, et ce présage s'était réalisé. *De souvenir*, elle voyait la grille de fer sur laquelle elle s'était inclinée pour parler à la sœur Sainte-Eugénie; elle voyait la grande manche bleue où elle avait glissé la lettre de Joseph, et puis la voix douce d'Eugénie, ses regards d'amitié, tout cela l'étonnait et lui donnait un petit saisissement involontaire : son imagination lui révélait ce qui allait se passer après cet enlèvement, et il n'y a pas une imagination de femme qui ne s'égare à cette idée. Alors elle faisait des vœux pour que toutes ces scènes d'amour qu'elle se représentait eussent lieu, et elle était troublée de peur, en songeant que ce projet, dont elle s'entretenait si uniquement depuis quinze jours avec Joseph, pouvait venir à manquer, et les interminables questions recommençaient.

« Je suis bien sûre, disait-elle, monsieur Buchet, que c'est à sept heures et demie qu'elle vous attend, parce qu'à sept heures les religieuses sont à la chapelle pour les complies; après complies, il y a méditation, exhortation, puis les litanies, puis le *sub tuum* : cela menne jusqu'à huit heures et demie, monsieur Buchet, et elle a pris l'habitude de ne pas assister à complies ; elle passe ce temps dans sa cellule, cela vous donne une heure, rien qu'une heure : aurez-vous le temps, monsieur Buchet ?

« — Sans doute, répondait Joseph en regardant à sa montre; mais il est six heures et demie.

« — Basth, faisait Jérôme, dans une heure, moi, j'enlèverais tout un régiment de religieuses... si elles le voulaient bien, pourtant.

« — Je lui ai donné la lime et le marteau, reprenait Rose avec un mouvement d'anxiété, pourvu qu'elle sache s'en servir.

« — Vous donneriez ça à un enfant, disait Jérome, qu'il couperait un morceau de fer gros comme mes deux bras; une lime de Saint-Etienne, toute neuve, qui n'a pas servi, et qui m'a bien coûté trois livres douze sous. Fier acier! pourvu qu'elle ne l'oublie pas dans un coin, et elle en est bien capable.

« — Il s'agit bien de ta lime, dit Rose avec impatience. Vous savez que la porte qui donne sur le jardin est exactement fermée, et qu'il faut de toute nécessité qu'elle descende par la fenêtre de sa cellule.

« — Et sans doute, dit Jérome; mais à propos de clé, à mon tour : Tandis que Joseph bayait au corneilles lorsque nous étions dans le jardin des religieuses, et qu'il comptait les croisées, moi, j'examinais la serrure de la porte du jardin qui donne dans la ruelle, et je me fais fort de l'ouvrir.

« — Tu l'ouvrirais! lui cria sa femme.

« — Tu nous ferais entrer par là, sans gravir deux fois les murs du couvent! dit Joseph en le serrant presqu'aussi fort que Rose. »

Jérôme se débarrassa comme il

put de ces étreintes de l'amour et de l'amitié.

« Un moment, un moment ; écoutez-moi. La serrure ne passe que d'un côté. J'ai une clé, dit-il en la tirant de sa poche, qui pourra bien servir, une fois que nous serons dans le jardin ; mais, du côté de la ruelle, il n'y a que du bois,

« — Très-bien, très bien, dit Joseph ; ainsi nous ne serons pas obligés de faire gravir à Eugénie les hauts murs du couvent.

« — Non, répondit Jérôme ; mais nous, nous aurons toujours besoin de les franchir.

« — Cela va sans dire, reprit Joseph.

« Ah! voici un gâteau pour Mignon; cela ne le tuera pas, puisque mademoiselle O'Fahers ne veut pas qu'il meure; mais cela le fera dormir, comme un loir, quinze bonnes heures au moins. C'est mon cousin, qui étudie à l'Ecole de Médecine, qui l'a fait lui-même; on peut compter dessus. »

C'était Rose qui parlait ainsi, et qui présentait en même temps à Joseph un petit gâteau jaune et doré qui aurait fait envie à plus d'un enfant.

« Si Mignon crie et n'a pas faim, dit Jérôme entre ses dents, son affaire est faite. »

Rose versa à Jérôme le coup de l'étrier, et les deux amis se levèrent, munis de tous les instrumens et d'une longue échelle de corde que Jérôme tourna autour de son corps, en guise de ceinture. Alors Rose s'approcha de Joseph, et l'embrassa.

« Monsieur Joseph, lui dit-elle, j'espère que vous réussirez, et alors je ne vous verrai plus; car il ne serait pas prudent de revenir ici; c'est trop près de la Place-Royale, où loge votre père, et nécessairement on viendra vous y chercher, si on se doute de quelque chose. Adieu; soyez heureux. Dites à mademoiselle O'Flahers, à madame Buchet, fit-elle en se reprenant, combien je m'intéresse à elle, et quels vœux j'ai faits pour son bonheur. Adieu, monsieur, adieu.

Les deux jeunes gens partirent : il était à peu près sept heures, et dans la saison où l'on se trouvait, la nuit est déjà obscure : Paris n'était pas alors éclairé comme aujourd'hui. Ils traversèrent la place Royale : on n'entendait que le bruit du vent qui traînait sur la terre les feuilles desséchées et les faisait crier. Un fanal était suspendu sur la statue de Louis XIII, qui, quelques années plus tard, devait disparaître sous la tourmente révolutionnaire, et sa lumière, vacillant au vent, éclairait de lueurs fantastiques la figure de ce roi, qui semblait encore fuir la volonté de fer de Richelieu, et courir vers des amours dont-il n'osait pas accomplir les desirs ; néanmoins, comme tout est faux dans ce monde, jusqu'aux monumens, une inscription annonçait que cette royale représentation avait été élevée aux frais du cardinal. De nos jours, sous cette restauration avilissante, qui quinze ans a pesé sur la nation, on a rétabli la statue de Louis XIII, qui n'a pour nous d'autre titres que d'être le fils d'Henri IV. Joseph et Jérôme longèrent la place Royale, et entrèrent dans la rue de l'Echarpe, pour arriver à la rue Culture.

La rue Culture Sainte-Catherine donne d'un côté dans la rue Saint-Antoine, en face l'église Saint-Paul, et de l'autre dans la rue du Parc-

Royal. Autrefois, avant que Paris n'eût pris l'accroissement où nous le voyons, il y avait, dans cet emplacement, des prés, des jardins, ce que l'on appelait alors des *cultures* : si vous y ajoutez un couvent sous l'invocation de Sainte-Catherine, vous aurez l'étymologie du double nom de cette rue. En 1788, quelques maisons s'y élevaient déjà; mais les deux établissemens principaux étaient le couvent des Annonciades, dont les vastes jardins occupaient l'espace où se trouvent maintenant la rue Necker et la rue de Jarente, et enfin l'hôtel Jarente, demeure de M. de Jarente, prélat connu par ses mœurs dissolues et par l'emploi qu'il fit de la feuille des bénéfices lorsqu'il l'eût en sa possession: aujourd'hui, comme nous l'avons déjà dit, les beaux arbres ont disparu, les terrains incultes ou cultivés ont été bâtis, le couvent des Annonciades a subi la loi immuable du temps, des révolutions, et la rue Culture Sainte-Catherine est large, aérée et ornée de belles maisons qui font plaisir à voir. Cependant nous avons fait une remarque qui prouverait que l'air qu'on y respire plaît à la virginité, que la jeunesse, les grâces, l'innocence, la beauté candide et pure, se trouvent à l'aise sous ses toits tranquilles : il y avait autrefois un couvent de religieuses, on y compte aujourd'hui deux pensionnats de demoiselles et un magasin de marchande de modes.

Joseph et Jérôme entrèrent dans la rue, passèrent devant la porte du couvent, et longèrent le jardin, c'est à dire, ce qui s'appelle aujourd'hui la rue de Jarente, s'arrèrtèent devant la rue Necker, en face d'une fontaine qui n'existait pas alors, et qui aujourd'hui ne coule pas : c'était là qu'aboutissait la porte que Jérôme était certain d'ouvrir, si une fois ils pénétraient dans l'intérieur; mais il fallait escalader les murs.

« Ils sont bien hauts, dit Jérôme.

« — Vois, reprit Joseph, toutes ces allées sont désertes, du moins aucune lumière n'y brille, si ce n'est à une seule, celle qui est devant ce bouleau.

« — Oui, c'est celle de mademoiselle O'Flahers, j'en suis certain. Maintenant, il faut jeter notre échelle par-dessus le mur, et espérer que le crochet entrera dans la crête de la muraille. »

Il n'était difficile que de lancer l'échelle de corde à cette hauteur, parce que le mur était garni de pointes en fer qui s'étendaient dans toute la circonférence du jardin, comme autant de buissons piquans, et si une fois le crochet arrivait jusque-là, il s'engagerait nécessairement dans toutes ces pointes solides, s'y embarrasserait et s'y fixerait. Jérôme déroulait déjà l'échelle repliée autour de son corps, lorsque dans la ruelle solitaire, on entendit des pas.

« Diable, voici quelqu'un, dit Jérôme.

« — Si on vient nous déranger, reprit doucement Joseph, je casse la tête à l'insolent. »

Jérôme vit le mouvement.

« Que vas-tu faire ! grand Dieu ! un meurtre ! ici ! et avec un pistolet, encore, pour que *tout le* quartier soit en alarmes, pour que le guet survienne et nous arrête. Tu n'y songes pas, mon ami; et mademoiselle Eugénie, qui ne veut pas même qu'on tue un chien, où en serions-nous, tuer un homme ! Moi, je ne veux pas être pendu, d'abord... Ecoute, je te parle du chien, et voilà monsieur Mignon qui aboie... »

Mignon aboyait en effet, et l'homme dont on avait entendu les pas s'avançait toujours.

Vingt ans auparavant, enlever une religieuse eût été un fait si criminel, qu'il ne pouvait être exécuté que par une passion violente, et que Joseph n'eût trouvé des complices que dans des amis très-dévoués, ou au poids de l'or; mais, en 88, depuis si long-temps on s'élevait contre les couvens, contre les vœux monastiques, que, quoique la loi existât toujours, on sentait qu'elle n'avait pas assez de vigueur pour être exécutée, et la seule publicité du fait qui retenait mademoiselle O'Flahers malgré elle aux Annonciades, aurait peut-être suffi pour la rendre à la liberté. Mais Joseph ne voulait pas prendre ce parti, parce qu'Eugénie lui aurait été ravie par un autre moyen. Jérôme savait tout cela ; il ne craignait donc pas de s'exposer à la fureur de tout le haut clergé, de le voir armer contre lui le bras séculier ; cependant, il ne se souciait pas d'être pris en flagrant délit, et cet homme qui s'avançait ne lui revenait nullement.

« Il me semble, dit-il à Joseph, que cet homme ne nous annonce rien de bon ; j'aimerais autant qu'il tournât d'un autre côté. »

La lune se levait et cachait à demi son croissant entre deux nuages ; Joseph examina l'homme avec attention, et il crut s'aperçevoir qu'il était bien mis, et que sous son large manteau il y avait du linge fin, dont un rayon de la lune faisait briller la blancheur mate : il mit l'épée à la main et s'avança vers lui.

« Monsieur, lui dit-il avec la courtoisie d'un vrai chevalier, je vous prie de vouloir bien prendre un autre chemin; si vous voulez avoir cette complaisance, vous n'avez qu'à retourner sur vos pas, et à entrer dans la rue Saint-Antoine, presque en face de vous, vis-à-vis l'église Saint-Paul, et en remontant la rue quelques pas, vous arriverez sans doute où vous voulez aller. »

Il n'y avait dans le ton de Joseph ni raillerie, ni sarcasme, ni mépris, mais quelque chose de ferme, comme il appartient à un homme qui a besoin d'être obéï, et qui ne fait une demande, qui ressemble à un ordre, une demande à main armée, que par nécessité.

Le cavalier s'arrêta, étonné, au milieu de la ruelle, se débarrassa de son manteau, et mit, de son côté, l'épée à la main.

« Qui êtes-vous ? dit-il avec une

fermeté où se mêlait un peu d'inquiétude.

« — Un homme, monsieur, qui ne vous veut aucun mal, mais qui vous prie de vous retirer, parce qu'il a quelque chose à faire qui n'exige pas de témoins.

« — Voici une singulière manière de faire une prière, l'épée à la main, et barrant absolument le chemin que je veux prendre.

« — Cela est vrai, monsieur, dit Joseph; mais les circonstances font tout.

« — Monsieur, répondit l'inconnu, vous n'êtes point un voleur, je le vois parfaitement; vous avez là, à la place que vous occupez, des affaires qui vous regardent, et dont je ne m'inquiète nullement; mais vous ne savez pas les *miennes*; je vous prie de croire qu'elles exigent absolument que je traverse cette ruelle : il m'est impossible de prendre par la rue Saint-Antoine. Si vous le voulez, vous avez une épée, j'ai la mienne : avancez, je suis à vous. »

Joseph fit un pas, l'inconnu en fit deux, et Jérôme dit à son ami.

« Arrange cette affaire : nous sommes perdus si tu es blessé; si tu le blesses, il faudra le secourir; si tu le tues, ce sera encore pis: ainsi, de toutes les manières, arrange cette affaire. »

De son côté, l'inconnu faisait ses

réflexions, et le résultat fut qu'il dit :

« Monsieur, vous me parraissez un homme d'honneur.

« — Sans doute, reprit Joseph.

« — Eh bien! ajouta le jeune homme, veuillez approcher, et il remit son épée dans le fourreau.

« — Monsieur, dit-il à Joseph, je vois ce que c'est... : un rendez-vous... peut-être ce couvent.

« — Monsieur, s'écria Joseph ; monsieur...

« — Calmez-vous, calmez-vous : le temps perdu ne se répare pas plus en amour qu'à la guerre, et malgré tous les raisonnemens que vous pourriez me faire, vous ne me ferez jamais croire qu'il y a mille lieues du cœur d'un jeune militaire à celui d'une jeune religieuse de... Vous êtes donc amoureux ; vous voulez voir ou enlever votre maîtresse. Moi aussi, je veux voir la mienne; il y a, contigu au jardin du couvent, le jardin d'un hôtel qui a une petite porte semblable à celle-ci, avec la différence que la serrure est en dehors, et que voilà la clé; c'est là que je veux aller; ainsi vous voyez que je n'ai que faire de votre rue Saint-Antoine. Adieu, monsieur : enlever une religieuse est une bonne action ; je serais charmé d'y contribuer, si vous avez besoin de moi ; mais avant, il faut que j'aille prévenir ma belle, car elle m'attends. »

Joseph fit facilement comprendre à ce jeune amant que sa position lui avait indiqué la conduite qu'il avait suivies et il le remercia de sa bonne volonté.

« Je viens de voir un fiacre qui stationne dans la rue du Parc-Royal, il est donc à vous?

« — Précisément, dit Joseph.

« — Je vous fais mon compliment, monsieur; il y a de fort jolies personnes dans ce couvent. Je vois quelquefois ces dames des fenêtres de mon hôtel, et je conçois qu'on soit amoureux de l'une d'elles.

« — Monsieur, lui dit Joseph,

j'espère que vous allez me donner votre parole d'honneur...

« — Je vous la donne, reprit le jeune homme; je serai muet comme la tombe, muet même avec l'amour, je vous le jure. »

Il serra la main de Joseph, et disparut dans l'ombre.

« Voilà qui va bien, dit Jérôme ; il vaut mieux que cela se termine ainsi. Mais à la besogne ; il nous a fait perdre du temps, et nous n'en avons pas à revendre. »

Il se préparait à jeter son échelle, lorsqu'il entendit encore un bruit de pas, mais plus éloigné, non point dans la ruelle, mais dans la rue Culture

Sainte-Catherine : il prêta l'oreille avec attention, et dit :

« Ce n'est rien, c'est une patrouille du guet. Ces imbécilles, ils viennent dans ce quartier-ci, dans le Marais, où il n'y a personne, et se gardent bien d'aller au palais de M. d'Orléans, où il y a des batailles et des coups de poings, des escrocs et des filles : c'est que là on les rosserait. Ne craignez rien, ils n'entreront pas ici; il fait trop noir pour eux. »

En effet, la patrouille passa devant la ruelle sans y jeter seulement un coup d'œil, et ils entendirent le bourdonnement des paroles des soldats qui causaient entre eux de leurs affaires, en faisant leur service.

« Enfin nous voilà libres, dit Jérôme. »

Et d'une main vigoureuse il jeta son échelle, qui s'enleva plus haut que le mur, et dont le bout, armé de fer, retomba de l'autre côté de la muraille.

« Bien, dit Joseph, nous y voilà ; elle est à nous.

« — Je le crois, reprit Jérôme d'un air malin. » Il retira l'échelle à lui pour la fixer, et voulut monter le premier.

« Non, dit Joseph, je veux te précéder.

« — Tu vas tout gâter, Joseph : tu as

été bien élevé, tu sais le grec et le latin, tu es officier; mais tu ne sais pas enlever le plâtre qui entoure un morceau de fer, et le détacher de la muraille; tu n'es pas ouvrier, toi. »

Le prévoyant Jérôme se munit du gâteau qui devait assoupir les aboiemens de Mignon, et il monta bravement à l'échelle flottante; quand sa main put se cramponner aux pointes de fer, il tira de sa poche un ciseau, et fit si bien qu'en quelques minutes il eut fait sauter tout le plâtre qui entourait ces pointes, et qu'il les détacha de la muraille et les jeta dans la ruelle; elles allèrent tomber à deux pas de Joseph; alors Jérôme enjamba la muraille, et dit à

Joseph de monter. Celui-ci s'avança avec rapidité, comme un jeune mousse qui monte dans les hunes.

« Bien, dit Jérôme, en lui faisant de la place sur la muraille, maintenant jetons l'échelle de l'autre côté, et nous sommes dans le jardin. »

L'échelle fut tournée, et dans un clin-d'œil nos jeunes gens se trouvèrent sur le sol privilégié des vierges du Seigneur.

« Doucement, dit Jérôme, voici Mignon. »

Mignon arrivait de toutes ses jambes, le poil hérissé, l'œil ardent, et faisant entendre ce grognement sourd qui précède l'éclat des aboiemens.

« Mignon, Mignon, ici, mon petit, ici mon chien, tiens, du gâteau, mon chien, cherche, mon chien, cherche. »

La main de Jérôme émiétait le gâteau et le jetait par petites parcelles au chien, qui grognait, regardait les morceaux appétissans, et semblait étonné d'entendre prononcer son nom par des personnes qu'il ne connaissait pas. Mignon était de belle taille, gras à lard, le poil luisant, les crocs entiers; mais l'éducation fait tout, s'il eût été le chien d'un boucher ou de quelque gardeur de troupeau, il aurait été féroce ou courageux; chien de nonne, il était devenu lâche et gourmand. César n'était qu'un Laridon ; et moitié manque de courage, moitié gourmandise, il mordit à l'appât et se jeta d'une dent friande sur un morceau de gâteau ; après le premier il en vint un second, et bientôt toute la galette y passa : alors le grognement de Mignon se changea en un bâillement long, répété, convulsif; son poil s'abaissa, son œil s'éteignit, il chancela sur ses jambes et tomba endormi aux pieds des deux jeunes gens. O sainte pudeur des Annonciades! qu'allez-vous devenir? ô chastes nuits des filles bleues, où êtes vous ? Celui qui devait vous protéger au moins de ses cris, dort étendu sur le sable de votre jardin ; une échelle flotte à vos murailles, l'ennemi est à deux pas de vous, et vos portes peuvent s'ouvrir sous le bon plaisir et sous les rossignols d'un jeune serrurier.

« Il faut avouer, dit Jérôme, que le cousin de Rose, le jeune homme qui étudie à l'Ecole de Médecine, est un homme bien savant : tenez, regardez cette bête, la voici qui ronfle comme une vieille femme fatiguée.. Au fond, s'il avait aboyé, les béguines auraient cru qu'il aboyait à la lune, c'est l'habitude des chiens; mais il vaut mieux...

« — Marchons, dit Joseph, et ils s'avancèrent vers les murs du couvent. »

Cependant Eugénie, depuis sa dernière entrevue avec sa mère, avait bien senti qu'elle n'avait plus aucun moyen de voir Joseph, que ceux qu'elle se donnerait. Madame O'Flahers lui avait formellement déclaré qu'elle se croyait tout permis pour empêcher ce mariage, et qu'elle emploirait tout. M. le comte O'Flahers, d'un caractère plus doux, mais qui tenait autant que sa femme à l'éclat de sa maison, lui avait remis tout le soin de cette affaire, qui l'inquiétait, sur laquelle il avait pris aussi un parti décisif. Hélas! la pauvre fille n'avait pour perspective que les murs affreux du couvent, ou une situation plus fâcheuse encore pour elle, et dont le résultat pouvait se présenter d'un jour à l'autre.

Les idées de liberté germaient dans toutes les têtes, la haine de la noblesse et du clergé était dans tous les cœurs, et ces symptômes effrayaient particulièrement M. et madame O'Flahers. Déjà ils avaient vendu deux de leurs terres, et en avaient fait passer les fonds en Angleterre ; nul doute qu'ils ne se retirassent en Irlande aux premiers éclats du peuple. D'un jour à l'autre, cette même voiture armoirée, qui avait déposé Eugénie chez les filles bleues, pouvait venir la reprendre pour la conduire dans un pays abhoré, ou elle trouverait un époux dont elle haïssait jusqu'au nom ; ainsi, on l'enlèverait à cette France où elle était née, à ces jeunes amours, à cet amant, que tout avait favorisé, jusqu'au hasard, qui lui avait donné le trésor d'une brillante éducation, jusqu'à la fortune, qui était venue le chercher subitement, jusqu'à son père lui-même, qui lui avait fait obtenir un grade honorable. Sans doute, c'était une chose fâcheuse, que de fuir son père et sa mère, que de les quitter peut-être pour toujours : une jeune fille rougit rien que d'y songer; mais quand il s'agit d'immoler sa vie à des passions d'autrui, à des passions qu'on ne partage pas, quand soi-même on ressent un amour qu'on croit honnête et vertueux, quand on a dix-huit ans, on se décide à suivre le sentiment de son cœur, l'instinct de la nature, et Eugénie se prépara bien vite à confier sa vie entière à Joseph. Le jour, elle cachait dans la paille de son lit la lime et le ciseau qu'elle tenait de Rose, ensuite elle flattait la supérieure, elle s'insinuait dans les bonnes grâces de sœur Sainte-Camille, dont elle parvint à calmer la jalousie. Grâce à quelques louis qu'elle avait sur elle au moment de son entrée au couvent, elle se faisait adorer de sœur Sainte-Thérèse, qui aimait l'argent, non pour le conserver, cela est defendu par les règles, mais pour acheter du café, des liqueurs, du tabac. Très-peu assidue aux offices, elle avait trouvé le moyen de faire à peu près sa volonté; elle se servait avec habileté d'un motif, très-puéril pour les gens du monde, mais fort important dans un cloître, pour mener la supérieure à sa guise : c'était le choix d'un confesseur. Franche par naturel, et élevée dans les croyances du catholicisme, elle aurait rougi, comme femme, de se jeter aux pieds d'un prêtre pour lui mentir; comme chrétienne, elle aurait eu horreur de ce sacrilége; elle éloignait donc ce moment de tout son pouvoir.

« Ma fille, lui disait l'abbesse, il

faut vous approcher du tribunal de la pénitence.

« — Madame, répondait Eugénie, j'ai mon confesseur : si vous voulez le faire venir, je suis prête. »

Ce n'était pas le compte de l'abbesse, qui ne voulait pas d'un prêtre étranger aux secrets du monastère ; elle pressait, conjurait, priait, ordonnait. Eugénie gagnait du temps, promettait, puis se rétractait, et se donnait certaines licences qu'on n'ose pas refuser à ceux dont on attend quelque chose.

La nuit, elle se levait et essayait la puissance de ses outils, nouveaux pour les mains faibles et délicates d'une jeune fille; et, semblable à un oiseau captif qui cherche à tordre ou à ébranler les barreaux de sa cage, elle calculait l'épaisseur de son corps svelte, délicat, et l'épaisseur qui se trouvait entre les trois barreaux de sa fenêtre; elle reconnut qu'en en détachant seulement un, elle pourrait aisément passer; et ensuite, mesurant de l'œil la hauteur de cette fenêtre étroite, elle se sentait frémir et frissonner. Elle chercha plusieurs fois à ébranler les lourdes barres de fer, mais sans pouvoir y parvenir. Cependant, guidée par l'amour et le besoin d'échapper au sort qui la menaçait, elle sut reconnaître, comme aurait pu le faire un ouvrier expérimenté, quel était le barreau le plus facile à ébranler, et ce fut à celui-là qu'elle s'attacha. D'abord elle essaya de le limer, mais l'acier ne mordait pas sur le fer : l'outil était aussi bon que l'avait dit Jérôme, et à peine s'il laissait une trace légère; ses mains faibles et bientôt lassées ne pouvaient venir à bout de leur tâche. Alors elle eut recours au ciseau, qui entrait assez aisément dans le plâtre vieilli qui scellait le fer; de petits fragmens se détachaient et tombaient dans le jardin; alors elle craignait ces indices, et ne se rassurait que lorsque le lendemain elle avait pu les ramasser sans être aperçue et les jeter au loin. Quelquefois l'instrument rebondissait, et elle s'arrêtait, désespérant d'accomplir sa tâche, ou bien il criait sur le plâtre, alors elle avait peur que ce petit bruit n'interrompît le sommeil léger d'une des sœurs, elle écoutait, et, toute tremblante de frayeur et de froid, elle se rejétait dans son lit, et faignait un repos qui était loin de son cœur et de ses yeux. Peu après, elle se relevait et se mettait de nouveau à l'ouvrage; mais elle croyait entrevoir une *lumière*, *Mignon* venait à aboyer, elle entendait des pas dans le corridor: ainsi tout retardait et tout allongeait son travail. Enfin, au bout de quinze jours de peine, de soins et de frayeur, le barreau s'ébranla; encore quelques légers efforts, et il allait céder. Elle comprit que le bras d'un homme achèverait l'ouvrage en quelques minutes, et que sa tâche était finie.

Tranquille de ce côté, elle descendit un jour chez la tourrière, chose défendue par les règlemens, mais qu'elle se permettait, et y trouva Rose ; ces deux personnes qu'un même secret unissait si intimement, ne se dirent pas un mot; elles échangèrent un coup d'œil significatif, et Rose laissa échapper des pommes qu'elle avait dans son tablier; la plus belle et la plus rouge roula jusqu'aux pieds d'Eugénie, qui s'en saisit, la porta à sa bouche, et se hâta de s'enfuir en riant.

« Eh bien ! dit Rose d'un air fâché, et en ramassant ses calvilles éparses sur le plancher, elle m'emporte mes pommes.

« — Chut, chut, ne dites rien : c'est une jeune novice à qui nous ferons prendre le voile, mademoiselle O'Flahers, vous savez : elle est bonne, mais un peu folle. Pour votre pomme, prenez ce scapulaire. »

Rose se retira toute boudeuse. Eugénie trouva tout naturellement dans sa pomme une lettre de Joseph, qui lui disait de se tenir prête, et que le quatorze au soir, à sept heures et demie, il apparaîtrait devant la fenêtre grillée de sa cellule, et serait son sauveur.

Les religieuses étaient au chœur, Eugénie les avait vues passer une à une, elle les avait comptées, son regard leur avait dit adieu :

« Vous n'êtes pas méchantes, pensait-elle, je puis même dire que vous avez été bonnes pour moi, pour moi, qui suis si éloignée de vos habitudes, de vos goûts, de vos désirs, qui n'ai pas même vos chagrins et vos désespoirs. Vous auriez pu me regarder comme une ennemie, vous ne l'avez pas fait : adièu, mes sœurs, soyez heureuses; mais que le ciel fasse que nous ne nous voyions plus. »

Cependant elle jetait un coup d'œil de tristesse sur les murailles blanches, sur ces croix appendues partout, c'était triste, c'était les tombeaux ; mais aussi c'était le repos, c'était une tombe si douce et si tranquille. Eh ! qui sait ce qu'elle allait trouver dans ce monde où elle allait rentrer? Hirondelle fugitive de son toit, ayant perdu l'abri paternel de sa famille, elle se confiait aux passions d'un homme !..... mais cet homme, c'était l'ami, le compagnon de son enfance, *c'était Joseph!....*

Silencieusement appuyée contre un pilastre, elle allait reprendre le chemin de sa cellule, lorsque tout-à-coup, comme le chef et le gardien du troupeau qui venait de passer, la supérieure se présenta devant elle : son visage, ordinairement doux, avait, dans ce moment, plus de douceur encore, son regard était gai et serein.

« Ma fille, dit-elle avec bonté à Eugénie, vous ne suivez pas vos sœurs? vous n'allez pas prier Dieu avec elles?

« — Ma mère, répondit Eugénie en balbutiant, vous savez que je m'exempte souvent de cet office du soir, et que vous me le permettez.

« — Je le permets? non, je le tolère.

« — Eh bien, ma mère, veuillez le tolérer encore ce soir; je me sens malade et fatiguée.

« — En effet, dit l'abbesse, vous êtes rouge, ma fille, et, ajouta-t-elle en posant sa main potelée sur le front d'Eugénie, vous avez la peau brûlante. Je le veux bien, remontez dans votre cellule ; mais avant, ma fille, entrez dans le chœur et faites vos prières avec vos sœurs. »

C'était trop juste; Eugénie marcha devant la supérieure, et fut pour la *dernière fois prendre place dans* sa stale.

« Mon Dieu, dit-elle, ayez pitié de moi! vous savez si j'ai été maîtresse de choisir ma destinée ; vous-même me repousseriez de l'autel, si j'y prononçais des vœux qui ne sont pas dans mon cœur. Bénissez-moi donc, ô mon Dieu! et soutenez-moi.»

Après cette prière, elle quitta le chœur, et gagna en courant sa cellule.

CHAPITRE II.

Joseph Buchet, lieutenant d'infanterie, possédant toutes les grâces de la figure, tous les talens de l'éducation, et une valeur qu'on ne pouvait pas mettre en doute, avait excité l'envie, cela ne pouvait pas être autrement. Il s'était surtout fait deux ennemis mortels, deux ennemis avec lesquels toute réconciliation était impossible : une mère outragée dans son amour, dans son orgueil, et un gentilhomme vaincu. Madame O'Flahers se rencontrait quelquefois dans le monde avec M. le viconte du Terrier, et bientôt leur haine contre Joseph Buchet les eut liés. M. du Terrier augmentait les sentimens de vengeance qui couvaient dans le sein aristocratique de madame O'Flahers, et celle-ci voyait dans le vicomte un appui, un soutien, et le bras qui devait exécuter sa vengeance : on ne pouvait plus compter sur la Bastille, il est vrai, mais on pouvait encore espérer qu'en se faisantjustice soi-même, on parviendrait à son but, et que l'autorité fermerait les yeux sur tout, si elle venait à savoir qu'un être aussi peu intéressant que M. Joseph Buchet avait disparu ; car elle saurait que madame la comtesse O'Flahers y était mêlée ; il s'ourdissait donc une conspiration contre Joseph Buchet ; et, par un hasard qui n'était point singulier, mais forcé, c'était le 14 au soir qu'elle devait éclater. M. du Terrier, brave, mais *vindicatif comme un lâche*, ne pouvait pas supporter l'idée d'avoir Joseph pour compagnon et pour égal. Une destination lointaine ne satisfaisait pas madame O'Flahers : on revient de partout, et Joseph amoureux et riche, pouvait bien laisser là son général, donner sa démission, et venir graviter de nouveau autour de sa fille, c'était une chose probable, et qui lui donnait de l'inquiétude dans tous les cas, même si on la forçait à épouser M. O'Connor. Il fallait donc se débarrasser de M. Joseph, et c'était le but secret de ses conférences multipliées avec le vicomte du Terrier. Le 14 donc, à trois heures après midi (nous prions le lecteur de vouloir bien faire rétrograder son imagination de quelques heures, car c'est dans ce jour que se sont pressés une grande partie des événemens de notre drame), comme le dîner était achevé chez madame O'Flahers, et que M. le comte avait demandé son chapeau à un laquais, en priant sa femme de l'excuser, madame O'Flahers fit signe à M. du Terrier, qui, depuis long-temps était un des convives habituels de l'hôtel, de passer avec elle dans son cabinet. Dès qu'ils y furent arrivés, la comtesse ferma soigneusement la porte, comme une femme qui va avoir une conversation *intime* avec quelque amant favorisé, ou pour mieux dire, comme une dame respectable qui est au-dessus des soupçons, et elle dit :

« — Monsieur le vicomte, êtes-vous certain de réussir ?

« — Aussi certain, madame, que

et le suis d'avoir l'honneur d'être auprès de vous.

« — Voyons, dites-moi, là, franchement, M. le marquis de N** est-il dans votre confidence?

« — Je vais vous répondre, madame ; mais je me permettrai, après vous avoir satisfait, de vous demander confidence pour confidence.

« — Cela va sans dire.

« — J'ai tout dit au marquis, madame.

« — En vérité?

« — Oui. Le marquis est un homme léger, insouciant, qui s'intéresse fort peu aux autres : c'est un homme égoïste ; mais il est brave et aime le courage; M. Joseph l'a séduit à mes dépens. Le combat chevaleresque dans la cour de son hôtel, et dont je ne sais par quelle fatalité M. Joseph s'est fort bien tiré, l'a mis au mieux auprès du marquis.

« — C'était une raison pour ne rien lui dire, objecta la comtesse O'Flahers.

« — Oui, si M. Joseph n'eût pas été attaché au marquis ; mais vous sentez que dans quelques jours le marquis n'eût pas manqué d'en demander des nouvelles, et que, comme M. Joseph est porteur des dépêches dont je veux m'emparer, il aurait fallu expliquer au marquis comment elles sont venues en mes mains.

« — C'est vrai.

« — Alors, j'ai fait au marquis une confidence forcée; il connaît maintenant l'insolence de ce pied-plat, qui ose être amoureux de mademoiselle O'Flahers. J'ai conté notre projet de vengeance, le changement de voiture, les yeux bandés, et le désappointement de ce pauvre diable, qui croit aller dans une capitale, et qui se trouvera dans un souterrain ?

« — Vous avez dit dans un souterrain ?

« — Oui, madame.

« — Vous avez fait la chose fort noire ?

« — Le marquis a trouvé céla fort drôle; il a beaucoup ri : au fond il ne s'agit que d'un homme du peuple, et ce sera une leçon donnée aux tiers, dans la personne de M. Joseph. Cependant, comme M. le marquis est un homme fort délicat, il a exigé ma parole d'honneur que je n'attenterai pas aux jours de monsieur Joseph... Je l'ai donnée, madame; moi, attenter aux jours de M. Joseph, oh! non, jamais; cela n'est jamais entré dans ma pensée, vous le savez, madame.

« — Et j'y compte, reprit madame O'Flahers en se pinçant les lèvres.

« —Au fond, le marquis n'est pas fâché de se débarrasser de cette roture qui ternissait le personnel de son ambassade, j'en étais sûr.

« — Voyons, monsieur, dit enfin madame O'Flahers, j'espère qu'au moment d'agir, vous voudrez bien me confier tous les détails de votre entreprise, et me bien prouver que, grâce aux moyens coûteux que j'ai pris, M. le comte ni moi, ne serons compromis en rien.

« — Volontiers, madame; mais avant, permettez-moi de vous faire la question à laquelle vous vous êtes engagée à répondre.

« — Voyons, monsieur?

« — Vous m'avez demandé si j'avais parlé au marquis, permettez-moi, à mon tour, de vous demander si vous avez parlé à M. le comte?

« — A mon mari?

« — Oui, madame, à votre mari?

« — Pas du tout. M. le comte est un homme auquel il faut présenter les affaires toute faites; alors il approuve, il est content; mais c'est le dernier homme du monde pour l'exécution. Voyez plutôt : c'est lui qui nous met dans cet embarras. D'abord il met ce jeune homme en pension, ensuite il lui fait avoir une lieutenance : voilà de belles affaires! Non, monsieur, non, je n'ai rien dit à M. le comte, je ne compte même pas lui en parler que trois ou quatre mois après l'exécution.

« — Très-bien, dit le vicomte. Maintenant voici mon plan; il est très-simple, madame, et vous en allez juger. J'ai une terre dans la Normandie; au centre de mes propriétés se trouve un château, petit, incommode, mais bâti pour l'éternité: des murailles de sept pieds d'épaisseur, des fossés de vingt brasses de largeur, un pont-levis, des tourelles, enfin tout l'attirail guerrier dont nos ancêtres entouraient leurs demeures pour s'opposer aux empiétemens des rois, et pour ne faire hommage que selon leur bon plaisir... Savez-vous, madame, que ma famille est très-ancienne? J'ai un de mes ancêtres qui a suivi Guillaume-le-Conquérant.

«—J'en suis persuadée, monsieur le vicomte, dit la comtesse d'un air à moitié dédaigneux. En fait de noblesse, elle mettait la sienne au-dessus de toutes les autres, et ces souvenirs de Guillaume ne lui plaisaient pas.

«— Eh! le bon temps, madame, que le temps d'autrefois! Si celui-ci lui ressemblait, nous n'aurions pas besoin de toutes les précautions que nous allons prendre. Il y avait une juridiction, madame, dans mon château, et une cour où il était permis aux du Terrier de faire pendre leurs serfs, et généralement tous leurs prisonniers... Eh bien, madame, le croiriez-vous? aujourd'hui nous ne l'oserions.

« — C'est un grand malheur, monsieur le vicomte.

« — N'importe, madame, mon château peut fort bien garder son homme; il y a une salle, qui est contiguë à une autre qu'on appelle la *salle des gardes*, et que j'ai destinée à M. Joseph; je vous réponds qu'il pourra là moisir vingt ans, sans que personne au monde s'en doute... Mes domestiques sont dévoués.

« — Très-bien; mais comment vous emparerez-vous de M. Joseph?

— Rien de plus facile : M. le marquis l'attend, à minuit, dans son hôtel, Buchet en sortira à minuit un quart, minuit et demi; mes gens seront disposés à dix pas de l'hôtel; on l'arrête, on l'enveloppe d'un manteau, on le baillonne, on s'en saisit, on le jette dans une chaise de poste, qui est toute prête, et dont les portières seront cadenacées, ensuite fouette cocher; à cinq heures du matin, notre homme est dans la souricière, et il n'en sort plus, madame, que sous votre bon plaisir, jamais si vous voulez. Hein! que dites-vous de mon plan? Nous faisons disparaître un homme sans verser une goutte de sang, presque sans violence. Nous avons notre petite bastille à nous, puisque l'autre nous échappe; et quant à mon château, personne ne l'habite, ni ne l'habitera probablement, que des corbeaux et des domestiques qui me sont dévoués. »

Il y avait un autre point dont M. le vicomte du Terrier ne parlait pas, et qui était pour lui le complément de sa vengeance : il comptait, arrivé à sa destination, dénoncer aux ministres la disparution de Joseph, le faire rayer des cadres de l'armée, et dégrader comme ayant passé à l'ennemi. La violence et la calomnie sont deux bonnes choses pour se venger, et les vicomtes du

Terrier de nos jours les regrettent infiniment.

Madame O'Flahers approuva ce plan, fit des vœux pour sa réussite, quoique le projet d'enlèvement ne fût pas très-coûteux et qu'on ne comptât pas dépenser beaucoup pour la table et l'entretien du prisonnier futur; madame O'Flahers donna beaucoup d'argent à M. le vicomte, parce que l'argent est le nerf de la guerre, et qu'une femme qui se venge ne compte pas. Elle invita M. du Terrier à souper pour dix heures; il fallait que le vicomte fût libre à minuit.

« Madame, disait-il, tout plein qu'il était de son sujet, c'est une trouvaille que mon château : imaginez-vous qu'on le redoute dans le pays comme lieu livré à tous les revenans de la Normandie. Vous ne trouveriez pas son pareil en France. Les esprits forts croient qu'il y a des faux-monnayeurs, les vieilles femmes disent que les sorcières y font leur sabat, les paysans pensent que les esprits le hantent, et les jeunes filles s'en éloignent, de peur que le diable ne les enlève. »

M. le vicomte plaisanta long-temps avec cette gaîté que donne l'assurance d'être délivré d'un rival, et prit congé pour quelques heures. Il allait faire sa toilette, ensuite il avait rendez-vous à l'Opéra, avec une assez jolie danseuse, et enfin il reviendrait souper chez madame O'Flahers, pour de là procéder à l'enlèvement de Joseph.

Quand il fut parti, madame O'Flahers arrangea sa vie pour dix années; elle devait passer chez son notaire, et y laisser les fonds d'une rente annuelle de quatre cents francs, qui servirait à l'entretien de M. Joseph. Sans doute le vicomte avait promis d'y songer, mais il était si léger, et dans le fond si ennemi du jeune homme, qu'il pourait l'oublier facilement, et alors on laisserait évader le prisonnier, ou il mourrait de faim, ce qui serait un crime que sa conscience lui reprocherait toujours, et dont elle ne voulait pas la charger; il fallait aussi assurer une récompense au gardien du détenu, et elle avait à en parler au notaire.

« Il est écrit, s'écria-t-elle avec dépit, que ce maudit rôturier coûtera toujours de l'argent à la famille O'Flahers; mais grâce à l'or, je prends les précautions nécessaires pour ne plus entendre parler de lui de long-temps. »

Ensuite tout se préparait pour le départ; son mari achevait de vendre ses terres, son hôtel; les fonds étaient placés en Angleterre, elle retirait Eugénie du couvent, on partait pour l'Irlande, sa fille épousait son cousin O'Connor, et elle vivrait tranquille et riche dans sa patrie, et attendait les évènemens. Elle passa dans son oratoire, et remercia Dieu de toutes les bonnes idées qu'il lui avait données et qu'elle avait mises à profit. A sept heures, elle fit une toilette brillante et descendit dans son salon pour recevoir sa société et attendre le souper. Voyons ce que, précisément à la même heure, faisait sa fille, mademoiselle Eugénie O'Flahers, qui depuis un mois environ, soupirait dans un couvent, était affublée d'une longue robe bleue, et qu'on appelait sœur Sainte-Eugénie.

CHAPITRE III.

Ils s'avançaient en interrogeant du regard chaque arbre, chaque pierre, chaque banc rempli de mousse, et sur lequel la lune jetait quelques pâles rayons.

« Ecoute, dit Jérôme, si tu m'en crois, voici ce que tu feras.

« — Quoi, lui dit Joseph.

« — Tu vois ce long bo uleau don

les dernières feuilles atteignent le haut de la maison. Nous savons que sa cellule est celle qui est précisément devant cet arbre ; il y a même une branche qui repose sur le rebord de la fenêtre et qui a dégradé le mur : il faut monter à cet arbre ; sans doute la pauvre petite n'aura pas enlevé le plâtre qui entoure le fer de ces grilles, et la moitié du travail sera encore à faire : laisse-moi monter, moi, je suis du métier, j'aurai plus tôt fait que toi de moitié, et ici le temps est précieux. »

Ils approchaient de l'arbre, et déjà Joseph le touchait de ses mains.

« Regarde, Jérôme, voilà la lumière qui est fixée dans cette cellule. J'en vois la flamme... Voilà une main blanche qui sort hors du barreau, elle agite un mouchoir, elle nous fais signe... Oui, mon Eugénie, c'est ton amant, c'est moi qui suis ici, qui vais te délivrer et de tes injustes parens et d'un époux que tu hais et dont on te menace, de ce cloître dans lequel tu ne dois pas rester. »

Il s'approchait de l'arbre, il le touchait déjà : Jérôme, fâché de n'être pas l'acteur principal, lui dit :

« Souviens-toi des conseils de Rose et des miens; agis, ne parle pas. Rose a mis dans ta poche une robe blanche; il faut en faire revêtir Eugénie tout de suite : il y a à franchir, d'une manière nouvelle pour elle, soixante pieds au moins, et sa robe d'étamine, trop lourde et trop ample, l'embarrasserait. Tiens, voilà un ciseau : il est possible qu'elle ait perdu ou cassé celui que Rose lui a donné; prends cette hachette, que tu laissais traîner contre le mur, et que j'ai ramassée, moi. Quand tu seras en haut, fiche le croc qui termine l'échelle dans le barreau qu'Eugenie *n'aura pas* enlevé, et pour prévenir tout accident, assujétis-le avec cette corde. Maintenant monte, puisque tu veux monter. »

Muni de ces instrumens, Joseph s'élança, traînant après lui la longue échelle, il atteignit difficilement les premières branches du bouleau;

mais dès qu'il y fut parvenu, Jérôme put s'apercevoir qu'il montait assez vite. Cependant Eugénie était venue dans sa chambre, et grâce aux soins prévoyans de Rose, elle avait allumé une bougie et avait placé sur une petite étagère de bois ce phare qui devait guider un nouveau Léandre, non pas au milieu des ondes d'un élément perfide, mais jusqu'à sa cellule, à travers les branches d'un bouleau; elle s'était approchée de ces barreaux, dont l'un était à demi détaché, et ses yeux plongeaient dans le jardin avec inquiétude.

« S'il allait ne pas venir, disait-elle? Oh non, il viendra; mais ces murailles sont si hautes! S'il venait à tomber, s'il venait à se blesser.... »

Et les mille et une craintes de l'amour remplissaient son esprit. Elle entendit Mignon aboyer.

« Il est là, se dit-elle. »

Puis peu à peu les aboiemens de Mignon se calmèrent, et elle pensa avec raison, que Joseph avait trouvé quelque moyen de l'apaiser. Elle vit après deux individus qui se dirigeaient vers les murs du cloître.

« Ce sont eux, se dit-elle, et celui qui l'accompagne doit être le mari ou l'amant de Rose, j'en suis sûre. »

Elle avait encore raison : oh! que les calculs d'une fille sont exacts dans une situation semblable à celle où se trouvait Eugénie! Bientôt elle entendit des voix, ensuite elle crut reconnaître Joseph; il lui semblait qu'elle avait vu briller une épaulette, et elle avait tant d'envie de voir son amant en uniforme! Alors, elle allongea la main, elle fit signe avec son mouchoir.

« Eh! Joseph, mon ami, ici, je suis ici, c'est ici que languit la pauvre prisonnière, c'est ici qu'est la fille bleue. »

Jérôme cependant calculait la rapidité de l'ascension de Joseph au bruit que faisait le froissement des feuilles.

« Allons, mon ami, en avant, bien; il grimpe comme un écureuil...... Doucement, doucement, l'échelle s'embarrasse dans les branches du bouleau... Bon, tire à toi, tu y est... le voilà. »

Joseph arrivait à la hauteur de la cellule ; il avait saisi une petite main blanche et douce, il la baisait, il disait des mots entrecoupés. Le bruit de ces paroles d'amour descendit jusqu'à Jérôme, il leva la tête.

« Allons, Joseph, allons, souviens-toi de mes conseils. Si les religieuses sortent du chœur que deviendrons-nous, toi, perché comme une corneille au haut d'un arbre, moi, comme maître renard attendant un fromage ?

« — Il a raison, ma bonne amie, dit Joseph, ne perdons pas de temps. »

Eugénie, toute tremblante de joie et de crainte, touchait les cheveux de son amant, et regardait le brillant uniforme à la lueur de la petite bougie; Joseph lui fit passer, à travers les barreaux, la robe blanche qu'il devait aux précautions de Rose; elle alla s'en revêtir au fond de sa cellule, et la robe bleue des Annonciades tomba sur le plancher. Pendant ce temps, Joseph dégageait le barreau qui tenait encore par quelques liens de plâtre, et le laissa tomber doucement aux pieds d'Eugénie; ensuite il passa le crochet de l'échelle aux barreaux qui restaient encore, et le lia fortement avec une corde. Eugénie se présenta hardiment pour franchir ce passage dangereux ; à peine si son corps pouvait passer dans l'étroit intervalle. Elle posa un pied sur un échelon mobile ; d'une main elle se tenait au chanvre, de l'autre elle s'appuyait sur Joseph qui doucement, pas à pas, et comme un enfant qui vient de s'emparer d'un nid de fauvettes, choisissait les branches et descendait avec bien plus de précaution qu'il n'était monté. Jérôme les suivait de l'œil, et avec ses deux fortes mains, avec ses mains d'ouvrier, tenait le bout de l'échelle pour l'empêcher de flotter et de battre contre le mur.

« Doucement, ma bonne amie, n'aie pas peur, là, le pied un peu plus à droite, pose ta main sur mon épaule, nous y sommes bientôt. »

Joseph se saisissait d'un joli pied, et le posait sur le lin mouvant; il passait son bras autour d'une taille svelte et frémissante, et Eugénie avait plus de courage et de résolution qu'on ne devait en attendre d'elle. Les femmes, en général, hésitent à accomplir une action hasardeuse, mais une fois leur parti pris, elles agissent avec suite et fermeté. Tout d'un coup on entendit la cloche du couvent.

« Oh Dieu! s'écria Joseph, nous sommes perdus. Il sentit le pied d'Eugénie qui chancelait, sa main à qui la frayeur faisait faire, sur son épaule de petits bonds, et lui-même, aussi suspendu avec la femme qu'il aimait, crut un moment qu'il était découvert et que, s'il voulait achever son entreprise, la violence serait nécessaire.

« Sans doute les religieuses sortent du chœur, dit-il ; chaque cellule va recevoir une sœur, et toute la façade du couvent va être illuminée.

« — Hâtez-vous, criait Jérôme en étouffant sa voix ; j'entends les béguines qui avancent.

« — Ce n'est rien, dit Eugénie avec calme : les sœurs sortent du chœur, il est vrai, mais il se passera cinq ou six minutes avant qu'elles n'entrent dans leurs cellules. »

Son pied se raffermit, sa main cessa de trembler, et elle descendit avec tant de rapidité, que Jérôme la croyait encore bien loin lorsqu'il sentit sur sa tête le bout du pied de la jeune fille.

« Enfin, elle est sauvée, dit Joseph en la serrant dans ses bras.

« — Allez vers la porte du jardin, dit Jérôme. »

Les deux amans s'éloignèrent et disparurent sous les arbres, comme les ombres heureuses qui s'égaient dans les bosquets de l'Elysée.

Le prudent Jérôme ne croyait pas que l'aventure fût menée à fin, et il se hâta de prendre les précautions qu'il jugeait nécessaires. D'abord il remonta l'échelle de corde jusqu'à la cellule que venait de quitter Eugénie; il se cramponna au bouleau et il se mit en devoir de dénouer les cordes qui retenaient le crochet, puis il laissa retomber l'échelle le long du mur; alors il entra dans la cellule, non par le vain désir de voir une cellule de nonne, mais pour ravoir sa lime et son ciseau, qu'en général habile il ne voulait pas laisser à l'ennemi.

« Ces jeunes gens ne songent à rien, pensait-il, ils sont imprudens comme des écoliers ; je ne sais pas si j'étais ainsi quand je faisais la cour à Rose, dans ce cas-là j'étais bien bête... Je parie qu'elle a laissé là ma lime comme un mauvais fer..; une lime de Saint-Etienne ! et que mon ciseau est dans le prie-Dieu comme un crucifix... Ils abandonnent l'échelle sans songer que peut-être je ne pourrai pas ouvrir la porte du jardin, et qu'alors elle nous est indispensable : on ne peut pas se faire la courte-échelle pour franchir un mur de trente pieds de haut. »

Il eut le bonheur de retrouver sa lime, son ciseau, et de se laisser glisser sans accident le long de l'échelle. Parvenu à terre, il allait prendre sa course et rejoindre ses amis, quand il vit toutes les cellules illuminées.

« Il était temps, ma foi » dit-il, et il se colla contre le mur, pour qu'on ne le vît pas courir dans le jardin.

« Elles crieraient au voleur, elles se croieraient toutes assassinées, elles sonneraient leurs cloches, et tout le quartier serait en rumeur. »

Cependant il tournait l'échelle autour de son corps, lorsqu'une porte, qui était à deux pas du chœur, vint à s'ouvrir. Jérôme était un bon ouvrier, un ami dévoué; mais il n'avait qu'une somme de courage ordinaire; en un mot, ce n'était pas un César. Néanmoins, la certitude où il était que le couvent n'était habité que par des femmes, lui laissa la présence d'esprit nécessaire pour prendre un parti décisif, et qui seul pouvait le sauver. C'est quelque chose que d'être certain qu'une épée ne sera pas tirée contre vous, qu'une balle de pistolet ne vous fracassera pas la cervelle, et que des bras robustes ne vous étreindrons pas, que vous ne serez pas renversé et qu'un genou vigoureux n'écrasera pas votre poitrine. Jérôme était tout-à-fait contre la muraille; il sentit sur sa figure le vent de la porte qui s'ouvrait, il vit l'éclat de la lumière et l'ombre d'une sœur se projeter sur le bois de la porte. Hélas! c'était sœur Sainte-Thérèse, qui, poussée par une charité qui s'étendait jusqu'aux animaux, allait mettre de la pâtée dans la niche de Mignon.

En un moment il eut pris son parti; il s'élance au-devant de la porte, la prend d'une main, souffle la chandelle d'une haleine vigoureuse, et ferme la porte, avec fracas, au nez de sœur Sainte-Thérèse. La pauvre tourrière eut le temps d'apercevoir cette figure que le feu des forges avait rendue noire en la barbouillant de fumée et de limaille de fer; elle crut voir le diable, recula deux pas, et tomba sur son derrière au milieu de l'obscurité.

« O ma bienheureuse Thérèse! ma sainte patronne, s'écria-t-elle dès qu'elle fut revenue à elle; et se signant : O bienheureuse sainte Thé-rèse, délivrez-moi, ô sainte Vierge! ayez pitié de moi! Jésus, mon sauveur, tirez-moi des griffes de Satan, de Belzébut et de Lucifer. *Vadè retro Satanas.* »

A ces cris, toutes les religieuses accoururent :

« Qu'est-ce, ma sœur? que vous est-il arrivé?

« — J'ai vu le diable.

« — Eh non, c'est le vent qui a éteint votre chandelle.

« — Le vent! reprit sœur Sainte-Thérèse en redoublant de signes de croix; et depuis quant le vent a-t-il deux yeux comme des charbons ardens et la figure noire comme le diable qui est dans le tableau du maître-autel ? J'ai vu le diable comme je vous vois, mes sœurs. »

Une religieuse plus hardie proposa de rouvrir cette porte, mais aucune d'elles n'eut assez de courage pour l'exécution. Il fut décidé que sœur Sainte-Thérèse avait été punie de Dieu pour quelques gros péché ; on l'examina on l'aspergea d'eau bénite, et le lendemain elle dut faire une confession générale.

On pense bien que Jérôme ne vit pas cette scène ; il en profita pour prendre sa course et se diriger vers la petite porte du jardin ; il comptait y treuver Joseph et Eugénie, mais les deux amans n'y étaient pas.

«Allons, encore un retard, pensa-t-il, nous n'en finirons pas : si nous réussissons, ce ne sera pas la prudence et la célérité qui auront fait la chose... Il paraît que dans le jardin des religieuses il y a des bosquets... Pst... pst... Pas de réponse, où diable sont-ils cachés?

En attendant, il essaya ses clés; la première n'entrait pas dans la serrure, la seconde entrait, mais ne tournait pas; celle-ci était trop faible, celle-là était trop forte ; enfin, il eut le bonheur de rencontrer juste: au moment où il commençait à désespérer et à regarder avec chagrin la hauteur de la muraille, la porte s'ébranla et roula bientôt silencieusement sur ses gonds. Alors Jérôme retira la clé et se mit à chercher les imprudens qui compromettaient ainsi leur salut.

Eugénie, encore toute émue, et croyant à peine à un bonheur nouveau pour elle, marchait sous les arbres du jardin, soutenue par Joseph. Il fallait suivre la ligne droite, mais ce ne fut pas précisément celle-là qu'ils suivirent : en amour, on marche toujours sans regarder devant soi.

« Eugénie, lui disait Joseph, tu es à moi, la violence qu'ont exercée sur toi tes parens, te dégage de tous tes devoirs, et fait disparaître tous leurs droits. Moi seul, je suis ton père, ton époux, ton amant, ton protecteur, ton ami : aussi, Eugénie, je n'aime que toi au monde. »

Eugénie répondait à de l'amour par de l'amour. Cependant, prête à tout quitter, jusqu'à la France, elle demanda à son amant vers quel lieu ils se dirigeraient, dans quel pays ils seraient tranquilles et heureux.

« Où tu voudras, mon amie; que m'importe le lieu? puisque je serai auprès de toi! Veux-tu que nous passions en Italie? »

Eugénie, la tête encore serrée dans les plis du voile monacal, avait horreur de l'Italie, et il fut décidé que les deux amans iraient en Anglererre, pays hospitalier et libre.

Cependant le temps s'écoulait sans qu'ils entendissent les appels réitérés de Jérôme : à la fin, ils se trouvèrent les uns devant les autres.

« Mais venez donc, dit celui-ci, la porte est ouverte. »

Ils sortirent vite du couvent. Mignon, étendu sur le gazon des allées, dormait d'un sommeil paisible, les lumières s'étaient éteintes dans les cellules, et le couvent, enfin, était plongé dans un repos absolu.

« Adieu, mes sœurs, dit Eugénie en tournant la tête vers le couvent, adieu pour toujours. Vous avez été bonnes pour moi, mais j'aimerais mieux mourir que de vivre toujours dans cet asile froid, et livrée à vos passions concentrées et à vos désirs qui ne se réaliseront jamais. »

Eugénie fit un soupir; elle emportait peut-être le secret de quelques jeunes filles, qui se trouvaient aussi mal à l'aise qu'elle l'avait été sous l'habit bleu des Annonciades; elle sortit, et dès qu'elle se trouva dans la petite ruelle, elle fit un faux pas

« Si j'étais supertitieuse! dit-elle. Et elle se releva en pâlissant. Joseph la serra dans ses bras, jeta sur sa compagne un manteau pour la préserver du froid et pour diminuer l'éclat que jetait sa robe blanche sous les rayons de la lune; ils traversèrent la rue Culture-Sainte-Catherine, et entrèrent dans la rue du Parc-Royal, où un fiacre les attendait.

« Mademoiselle, lui dit Jérôme, ah! dieu, je suis heureux, d'avoir contribué à votre délivrance, et je vais vite donner à Rose cette bonne nouvelle : qui sait quand nous nous reverrons ? »

En parlant ainsi, il tendait à Eugénie sa figure noire, toute barbouillée de fumée, et où on ne voyait que deux rangées de dents blanches et les deux yeux qui avaient fait peur à sœur Sainte-Thérèse. Eugénie l'embrassa de bon cœur; Joseph la serra dans ses bras, et lui promit de lui écrire de Londres. La portière se referma sur les deux amans, et le cocher fouetta ses chevaux.

« Il faut avouer que Joseph est né coiffé, disait Jérôme en s'en allant: on le fait élever comme un seigneur, sans qu'il lui en coûte un sou ; on le nomme officier sans qu'il l'ait demandé ; il devient riche sans y songer; il aime une jolie fille, elle l'aime de son côté; il la demande en mariage, on la lui refuse, il l'enlève; que faut-il de plus? Je ne suis pas si heureux moi. »

Il allait arriver un moment ou le bonheur continuel qui, en en effet, avait environné Joseph depuis sa naissance, allait s'évanouïr.

Jérôme, tout en maudissant sa

fortune, plutôt par une disposition chagrine commune à tous les hommes, que par tout autre motif, rentra chez lui, et annonça à Rose le bonheur de son ami.

« A la bonne heure, dit Rose; mais ce n'est pas tout, mon ami, nous sommes riches.

« — Batz?

« — Oui.

« — Et comment cela ?

« — Mon oncle Bigot, qui a un forge dans les environs de Mayence, vient de mourir, et il me fait son héritière.

« — Vrai?

« — Oui, vrai, dit le père de Jérôme, qui était au coin de l'âtre, tu est plus heureux que moi : j'ai gagné mon argent, et on te le laisse à toi. Mais ce n'est pas tout.

« — Qu'est-ce qu'il y a encore ? dit Jérôme.

« — Les forges sont en activité là-bas ; il y a un contre-maître qui n'est pas sûr, il faut partir.

« — Il faut partir demain.

« — Non, partir tout de suite. Moi, je reste ici, je ferai tes affaires, je vendrai le fonds, si je le peux, et je le pourrai facilement ; toi, vas prendre possession, donne le coup d'œil de maître, et t'établis, car la forge est bonne, mon garçon, et c'est une fortune. Le défunt avait dix bonnes mille livres de rentre.

« — Dix mille livres de rente ! »

Jérôme fit un bond jusqu'au plancher Tout était prêt en effet, la carriole était attelée, Rose avait fait tous les paquets; le père de Jérôme restait dans la maison; on pouvait donc ne pas s'inquiéter de ce qu'on laissait. Il était à peine huit heures du soir; on ferait encore trois ou quatre lieues, c'était autant d'avance pour le lendemain. Jérôme fit donc monter sa femme dans la carriole, embrassa son père, et se plaça lui-même sur le siége de bois; il prit les rênes et dit :

« Cot, cot, allons donc, Cocotte, » avec le calme imposant de Sancho-Pança partant pour son île : il était riche, et un peu d'importance est assez naturelle en pareil cas.

« Ainsi, lui dit Rose, cette pauvre demoiselle est hors du couvent?

« — Parbleu, quand je me mêle de quelque chose.... Allons, allons donc, Cocotte... La petite est avec son amoureux, mon enfant... Mais est-il heureux! ce Joseph, est-il heureux... Si cet héritage lui était arrivé hier, il aurait fallu partir tout de suite; je n'aurais pas pu lui aider aujourd'hui... et où aurait-il trouvé mon pareil pour ouvrir une porte et monter à une échelle?.. est-il heureux! est-il heureux!

CHAPITRE IV.

La voiture roula avec rapidité, et bientôt elle quitta le Marais ; ce Marais, où de tout temps on est couché avec le soleil, où l'heure de *couvre-feux* semble avertir encore les bons citadins d'éteindre leurs lumières, était désert et silencieux, mais quand les deux rosses qui galoppaient sous le fouet du cocher, eurent quitté le quartier solitaire, et qu'ils arrivèrent dans la rue de la Ferronnerie, tout était vivant et animé; les boutiques étaient éclairées; les Parisiens circulaient dans les rues, on rencontrait des charrettes, des équipages, des chaises à porteurs, et après une journée de travail ou d'intrigue, ou de dissipation, on allait se livrer aux plaisirs du soir. Joseph tenait dans ses bras Eugénie, qui, toute honteuse et troublée, répondait en hésitant aux caresses de son amant.

Ils arrivèrent en quelques minutes à l'hôtel du *Roi de Prusse*. La maîtresse de l'hôtel était sur la porte, qui examinait le laquais d'un riche

Anglais occupé à placer des malles sur le devant et le derrière d'une chaise. Quand elle vit le fiacre s'arrêter, elle reconnut, tout d'un coup Joseph.

« Ah ! c'est monsieur l'officier, monsieur, qui a loué le n° 5 : c'est bien, monsieur, tout est prêt chez vous; on a allumé du feu dans les cheminées, on a mis des bougies dans les flambeaux, la table est prête ; monsieur, sera content..... Tenez, monsieur, dit-elle en tirant Joseph à elle, et regardant malicieusement Eugénie, qui, enveloppée dans un large manteau, se serrait contre son amant, et se cachait du mieux qu'elle pouvait ; tenez, voyez dans a cour, voilà la chaise de poste de monsieur; elle est toute prête, les chevaux sont là. Le postillon est venu; il voulait atteler, mais j'ai pensé que monsieur souperait, et je l'ai envoyé boire au cabaret voisin; il attendra tant que monsieur ledésirera; mais, par exemple, il boit au compte de monsieur, c'est trop juste.

Joseph, ennuyé de ce bavardage, remercia briévement l'hôtesse, prit Eugénie sous le bras et la conduisit dans l'appartement qu'il avait retenu; à peine y fut-il enfermé, qu'on frappa à la porte, c'était l'hôtesse.

L'hôtesse du *Roi de Prusse* avait quarante ans, le cou court, la taille ramassée, les yeux beaux, de la fraîcheur, de belles dents ; elle avait été jolie femme, elle avait fait le désespoir et la joie de bien des voyageurs. Au reste, avenante, quand il se rencontrait un voyageur jeune et bien fait, qui lui faisait les yeux doux, elle s'adoucissait, elle s'humanisait et donnait facilement la plus jolie chambre de l'hôtel, ou la jolie chambre touchait à son appartement et même y communiquait ; mais madame Touchant (c'était son nom) était sévère sur l'article des mœurs pour les autres. Quand un voyageur n'était pas à sa guise, quand il n'était pas pour elle d'une politesse significative, elle était sévère et implacable, et ne s'adoucissait qu'à la vue d'un métal solide et brillant. Elle aborda Joseph en fronçant les sourcils, et lui dit :

« Je ne sais pas, monsieur, si vous connaissez l'hôtel du *Roi de Prusse*.

« — Je le connais depuis que j'y ai loué un appartement.

« — Si vous en aviez entendu parler, monsieur, vous sauriez que c'est un hôtel respectable, qui jouit de la meilleure réputation, et qui a toujours été tenu et habité par des gens honorables.

« — J'en suis persuadé, madame Touchant, j'en suis persuadé, répondit Joseph, qui avait autre chose à faire que de faire la conversation avec l'hôtesse; mais je vais partir, j'ai peu de temps, permettez-moi de songer à mes affaires.

« — C'est précisément de vos affaires que je vous parle, monsieur.

« — Oh, oh, fit Joseph.

« — Vous m'avez dit que vous viendriez avec votre femme.

« — Oui, cela est vrai.

« — Et vous arrivez avec une jeune fille qui se cache dans un manteau.

« — Vous êtes bien habile, madame, si vous devinez au visage quand une personne de votre sexe est fille ou femme.

« — Comme si votre femme, votre femme légitime, se cacherait dans un manteau.

« — Pourquoi pas, si elle à froid? Au reste, madame, je vous proteste que c'est ma femme...; mais que vous importe?

« — Beaucoup, monsieur, beaucoup; et la réputation de l'hôtel du *Roi de Prusse*?... Ce n'est pas tout, monsieur, continua la scrupuleuse hôtesse, ce n'est pas tout, votre valet, ou un de vos gens, a apporté ici un uniforme, un chapeau, des bottes, une épée... c'est pour un déguisement, c'est un enlèvement, monsieur, je ne supporterai pas cela dans l'hôtel du *Roi de Prusse*. »

Joseph donnait au diable le roi de Prusse et son hôtel.

« Madame, vous vous trompez ; d'ailleurs, j'ai loué un appartement chez vous, je l'ai payé et je veux... »

Mais l'hôtesse éleva la voix ; son austérité de mœurs la saisit à la gorge, et elle criait, elle se démemenait, elle faisait un mélange continuel de sa réputation et de celle du roi de Prusse, de manière que Joseph ne savait plus auquel entendre, et qu'il se trouvait fort embarrassé. Tout-à-coup, il réfléchit que l'hôtesse avait compris et deviné ce que sa posision avait de délicat, et, sans entrer dans une altercation inutile :

« Madame, lui dit-il, vous nous avec fait préparer un souper?

« — Oui, monsieur.... Vous sentez que je ne souffrirai pas que dans ma maison...

« — De quoi se compose-t-il, madame?...

« — Une poularde au cresson.... L'hôtel du *Roi de Prusse*!

« — Combien la poularde?

« — C'est cinq francs, monsieur, comme il n'y a qu'un Dieu au ciel... Les mœurs, monsieur.

« — Laissons les mœurs ; je paie toujours une poularde dix franc: après? »

L'hôtesse fit une révérence.

« Bien, dit-elle : l'honneur de ma

maison... Après la poularde vous avez une truite au bleu.

« — Combien la truite?

« — Elle est du Rhin, monsieur, sur mon âme; vous paieriez cela dix francs partout, vous ne la payerai que sept ici.

« — Vous avez raison, je la paie vingt francs. »

Les sourcils de l'hôtesse se décroisèrent; Joseph doubla le prix du bordeaux, du champagne, des fruits, des biscuits, et l'hôtesse partit en l'assurant qu'elle le tenait pour bien et dûment marié, et qu'il était loisible à un honnête mari d'habiller sa femme en dragon, en mousquetaire, en grenadier, comme bon lui semblait.

Quand il eut fini avec l'hôtesse, Joseph ferma la porte à double tours, et courut auprès d'Eugénie. Sur une table élégamment servie fumait la poularde au cresson, et se faisait remarquer la truite au bleu, à côté du champagne encore captif dans sa bouteille et du bordeaux dont la fumée remplissait l'appartement; un bon feu brûlait dans la cheminée, et Eugénie, assise dans un fauteuil, avançait ses petits pieds jusque sur les chenets de cuivre. Joseph s'approcha, passa ses bras autour du cou d'Eugénie, et l'embrassa avec une ardeur dont la jeune fille fut toute confuse.

« Joseph, lui dit-elle, vous savez bien ce que vous m'avez promis?

« — Oui, lui dit Joseph. »

Et il lui raconta la querelle qu'il venait d'avoir avec l'hôtesse, et comme quoi, moyennant une truite de vingt francs et un poulet de dix, elle voulait bien les croire mariés. Cependant Eugénie avait faim et Joseph voulait ce que désirait Eugénie. La jeune fille quitta le bandeau des Annonciades, qui serrait encore ses cheveux, et ils se mirent à table. On mangea des olives, on fit sortir les truffes qui parfumaient l'intérieur de la poularde, le vin de Bordeaux pétilla dans les verres, le champagne jeta sa mousse enivrante sur la nappe et sur les assiettes; Joseph se rapprocha d'Eugénie, quelque chose de coloré vint animer leurs joues ; ensuite vinrent les baisers, puis une main qui serra la taille, puis une autre qui s'égara, puis l'amour, puis la jeunesse qui séduisent et enivrent plus encore que le vin. On avait fait des sermens, mais à qui? On se les était faits l'un à l'autre, et on n'avait pas à craindre un parjure; *on pouvait se rétracter.* Ils se regardaient, ils s'aimaient, un feu nouveau et inconnu circulait dans leurs veines; ensuite venaient les raisonnemens qui ne s'articulent pas, mais qui passent rapidement dans l'esprit, et qui y laissent une conviction profonde.

« On peut me l'enlever, on peut me la ravir pour toujours; si elle est à moi, je revendiquerai mes droits d'amant, mes droits d'époux, et de père, peut-être, pensait Joseph.

« — Ah! si ma mère entrait, se disait Eugénie, si cette porte s'ouvrait et me laissait voir la figure sévère de mon père, je ne pourrais pas dire je suis à lui, c'est mon époux, et demander à ratifier devant les autels des sermens écrits dans le ciel. »

Ainsi, des pensées semblables les occupaient l'un et l'autre; et, sans le savoir, sans que l'un demandât rien, sans que l'autre eût rien à refuser ni à accorder, ils se trouvèrent loin de la table, sur un meuble qu'Eugénie n'avait pas même aperçu en entrant; leurs bouches étaient unies, leurs cœurs palpitaient l'un sur l'autre; et, comme l'avait pensée Eugénie, le ciel n'avait plus qu'à ratifier leurs sermens.

« O mon Eugénie! ô toi qui viens de me donner un bonheur plus grand que tout ce que j'avais osé rêver, regarde l'homme le plus heureux du monde, regarde celui qui est à toi pour jamais. »

Eugénie baissait les yeux et pleurait.

L'amour est imprévoyant tant

qu'il n'est pas satisfait; heureux, il acquiert de la prudence et cherche à conserver un bonheur fugitif, et quelquefois si chèrement acheté! Joseph rassura son amante timide, il la combla de caresses et d'amour, et il parvint facilement à rendre sa complice aussi confiante dans l'avenir qu'heureuse du présent.

« Mais, lui dit-il, il faut se hâter, cette hôtesse malencontreuse et avare a notre secret; je ne me sens pas à l'aise dans cet hôtel, partons tout de-suite. »

Eugénie approuva tout; elle cachait sa tête dans le sein de son ami, et son expirante virginité semblait s'être réfugiée dans ses yeux.

Mais pour partir il y avait à faire une opération délicate, même pour Eugénie, qui venait d'accorder à son amant tout ce qu'une femme peut accorder; il fallait quitter ses vêtemens de femme et revêtir le costume d'un jeune officier. Eugénie voulait procéder seule à cette toilette; mais Joseph, volontaire comme un vainqueur, enleva un fichu qui cachait les trésors d'une gorge naissante, mit en pièces une robe qui tomba en lambeaux sur le parquet, et enleva un corset dont le lacet jaloux se brisa sous ses doigts, le corset, dernier rempart d'une pudeur qui jamais ne s'éloigne entièrement d'une femme; ensuite, il glissa sur une cuisse faite au tour, une culotte de drap blanc, il emprisonna deux jolies jambes dans deux bottes, il renferma une taille légère dans un habit élégant, épaulettes brillantes, épée avec dragonne en or, ganse et cocarde au chapeau, rien n'y manquait. Vous avez vu Chérubin, *Cherubino di amore*, en bel oiseau bleu, avec ses beaux yeux, ses jambes, comme la Vénus de Médicis, ses formes rondes : vous l'avez vu ensuite avec son habit et son chapeau d'ordonnance, c'était Eugénie.

On appela l'hôtesse, on paya tout, on fit venir le postillon, on fit atteler les chevaux, et quand tout fut prêt, quand il n'y eut plus à dire que fouette cocher, on se demanda :

« Où allons-nous ?

« — En Angleterre, dit Eugénie.

« Sans doute, reprit Joseph; mais comme je ne veux point que nous soyons poursuivis, comme je veux faire croire à M. le marquis de N*** que je porte les dépêches dont il me charge, il faut absolument que je sois à l'hôtel du marquis à minuit, pour recevoir de sa main les papiers qu'il me destine.

« — Oh! mon Dieu, dit Eugénie, à minuit! mais il n'est que neuf heures, si on nous surprenait d'ici là, si on nous découvrait, nous serions perdus.

« — Tu as raison, Eugénie, dit Joseph en appuyant sa main sur sa tête.

« — Si nous restions ici, reprit Eugénie.

« — Cela n'est pas possible, répondit Joseph ; l'hôtesse du *Roi de Prusse* est avare, intéressée, elle vient de nous en donner des preuves ; il ne faut pas lui laisser le temps de nous trahir ; sa consience doit crier toujours plus fort en raison du temps qui s'est écoulé depuis que je lui ai donné son argent ; je ne m'y fierai pas.

« — Eh bien, que faire?

« — Je ne sais; si nous faisions une poste et que nous revinsions ensuite?.... Non, non, on n'aurait qu'à suivre notre chaise et à vouloir savoir la raison de ces allées et venues... cela est trop dangereux. »

Tout d'un coup Joseph éclata de rire, se frappa le front, et dit à Eugénie : « Je l'ai trouvé, mon amie ; je l'ai trouvé.

« — Eh bien, que ferons-nous, dit Eugénie.

« — Nous allons aller, répondit Joseph.., à l'Opéra.

« — A l'Opéra, qu'elle folie.

« — Point du tout, reprit Joseph, plus c'est étrange, plus c'est convenable. Si on s'est aperçu de ton évasion, on te cherchera chez ton père, chez le mien ; si on m'a vu avec Jérôme, on pourra faire des perquisitions chez lui, on peut faire une descente ici par hasard, ou à cause de la moralité de notre hôtesse ; on peut nous surprendre : mais à l'Opéra, bien cachés dans une loge grillée, qui jamais pensera qu'un jeune homme qui enlève sa maîtresse d'un couvent la mène à l'Opéra ? »

L'avis parut bon ; il l'était en effet. Les deux jeunes gens montèrent en chaise, et quand le postillon, son fouet à la main, dit à Joseph :

« Où va monsieur ?

« — A l'Opéra, répondit Joseph.

« — Quel original, pensa le postillon, qui prend des chevaux de poste pour aller à l'Opéra. »

On paya double et triple poste, le postillon eut ordre d'attendre dans les environs du théâtre jusqu'à la fin du spectacle, et l'on partit pour l'Opéra.

CHAPITRE V.

L'Opéra, en 1788, n'était ni dans la rue Lepelletier, ni même dans la rue de la Loi, à laquelle on a mal à propos, ce nous semble, restitué son nom courtisanesque de rue de Richelieu; un incendie avait consumé la salle de l'Opéra du Palais-Royal.

Le théâtre, maintenant remplacé par une chapelle, n'existait pas, non plus que le mesquin monument élevé rue Lepelletier; mais sur le boulevart, à côté de la Porte-Saint-

Martin, on avait bâti une salle qui subsiste encore : ce monument nouveau s'était élevé comme par enchantement. Aladin fit construire dans une nuit, par les génies, un palais magnifique, qui étonna le matin le sultan son beau-père, lorsque celui-ci aperçut dans sa capitale un monument qu'il n'y avait pas vu la veille. Il en avait été de même de ce théâtre : le Parisien qui avait été passer quelques semaines sous les ombrages de Meudon, le courtisan que ses affaires à la cour avaient retenu à Versailles, purent à leur retour à Paris voir un théâtre nouveau, dont à leur départ ils n'avaient pas même vu les fondemens. Ce théâtre est aujourd'hui la Porte-Saint-Martin, où depuis quelque temps le mélodrame et la tragédie se donnent la main, où *Marion Delorme*, *Marino Faliero* et la *Pie voleuse* sont des jumeaux qui tour à tour réclament du public leur droit d'aînesse : c'était alors l'Opéra. Ce fut là que s'arrêta la chaise de poste de Joseph, qui descendit, prit au bureau une loge grillée, et s'y coula le plus vite qu'il le put avec Eugénie.

« — Bien, dit-il, allons, nous voilà en sûreté. Sa crainte était raisonnable : Eugénie, embarrassée dans des culottes, dans des bottes et dans un habit dont elle n'avait pas l'habitude, marchait difficilement, et avec cette décence naturelle à une femme déguisée, qui craint qu'on ne reconnaisse son sexe et sa figure. Heureusement le spectacle était commencé quand ils arrivèrent, il n'y avait que peu de monde dans les corridors et dans les divers escaliers qu'ils furent obligés de gravir pour arriver à leur loge, qui était placée sous le cintre, et d'où les regards pouvaient plonger sur la scène et dans la salle entière. Joseph fit observer à Eugénie que le théâtre était plein jusqu'au comble, et qu'ils étaient fort heureux d'avoir trouvé une loge, puisque c'était à peu près la seule qui fût vide. Ils se gardèrent bien de baisser la grille qui protégeait leur incognito, et se disposèrent à passer l'un auprès de l'autre les quelques heures qui les séparaient encore du moment où ils quitteraient Paris.

Quoiqu'on oublie facilement tout à côté de son amant, et qu'une jeune fille enlevée depuis quelques heures d'un couvent ne puisse guère avoir d'autres pensées que des pensées d'amour. Cependant l'Opéra, qui enchante tous les sens, et de cent plaisirs fait un plaisir unique, comme le dit Voltaire, ne pouvait pas être pour Eugénie un spectacle indifférent; malgré elle, ses yeux voyaient, ses oreilles entendaient et tous ses sens étaient captivés.

Quoique elle eût été élevée dans le grand monde, les principes religieux et la morale austère de madame O'Flaers ne lui avaient pas permis de mener sa fille au théâtre; aller au spectacle était une chose qu'elle ne regardait pas précisément comme immorale, mais qui cependant présentait quelques dangers pour une jeune fille, et qui n'entrait pas dans un système d'éducation bien entendu. Par conséquent Eugénie n'avait jamais été à l'Opéra, c'était même pour la première fois qu'elle se trouvait dans une salle de spectacle. L'éclat du lustre l'éblouit d'abord, puis elle commença à distinguer les différentes décorations de la salle;

elle vit la scène où s'agitaient les acteurs, les loges où étaient de belles dames avec leurs cavaliers; les habits élégans des hommes, leurs immenses jabots qui tombaient sur des vestes brodées, leurs manchettes de dentelles, et cet air heureux, enjoué qui était sur toutes les physionomies la surprenait : les femmes riantes, dont le rouge animait les traits, avec leurs mouches, leurs éventails en laque de la Chine, et les diamans qui serpentaient autour de leur cou, lui paraissaient toutes jolies.

« O que c'est beau! disait-elle avec toute la naïveté enfantine d'une jeune pensionnaire; enfin la musique vint mettre le comble à son admiration : on représentait, comme nous l'avons dit, *Iphigénie en Aulide*, et les accords de Gluck, qui lui étaient familiers, achevèrent de la ravir; elle admira la belle voix de Laïs, le jeu passionné de Lainé, de mademoiselle Maillard, et quand elle entendit Clytemnestre s'adresser à Achille, avec l'accent tragique d'une mère au désespoir, et lui dire en lui montrant Iphigénie :

Elle n'a que vous seul, vous êtes en ces lieux
Son père, son épouse, son asile et ses dieux.

Ces vers, empruntés à la tragédie de Racine, et dont l'effet s'augmentait par le talent de l'actrice et par la musique de Gluck la faisaient fondre en larmes; elle se retourna vers

Joseph et le serra dans ses bras, comme pour faire à elle et à lui l'application de ce qui se disait sur le théâtre : elle n'avait, en effet, plus dans ce monde que le cœur et l'appui de Joseph.

Tout-à-coup on frappa à la porte de leur loge; ensuite on entra, et une ouvreuse entrebâilla la porte et présenta sa figure ridée.

« Monsieur, monsieur.

« — Qu'est-ce? » dit Joseph, qui dans la position où il se trouvait s'effrayait de tout.

Eugénie se blotit dans un coin de la loge.

« — Monsieur, reprit l'ouvreuse, l'un de vous est monsieur Joseph Buchet.

« — Oui, c'est moi, se hâta de répondre Joseph.

« — Officier, aide-de-camp de monsieur le marquis de N*** ?

« — Oui, oui, reprit Joseph, que me veut-on ?

« — Un officier vous demande.

« — C'est bien, répondit Joseph, et la loge se referma.

« — Ne sort pas, Joseph, ne sort pas, mon ami, lui dit la jeune fille toute tremblante.

« — Mais, mon Dieu, répondit Joseph, je suis tout troublé de cet incident; cependant c'est un officier, il est possible que monsieur le marquis de N*** soit ici : il m'aura vu lorsque nous sommes arrivés, et *il* m'envoie demander; c'est peut-être la chose du monde la plus simple.

« — Qu'importe? dit Eugénie, ne sors pas, je t'en supplie, ne sors pas; au nom du ciel!

Et ses larmes coulaient sur son visage, et elle le retenait par ses habits.

« — Écoute, lui dit Joseph, il est impossible que l'on connaisse ici déjà ton évasion du couvent, ou du moins que l'on ait la preuve que j'y suis pour quelque chose. Ce que l'on me veut a sans doute rapport à mon service; je ne puis guère me dispenser d'obéir, et si je tarde on viendra me réclamer jusqu'ici, c'est ce que par dessus tout il faut éviter;

j'y vais, Eugénie, et dans quelques minutes je suis à toi.

Cette raison était excellente, Eugénie le sentit, et Joseph, après l'avoir embrassée, sortit pour s'épargner une visite importune.

Le caractère ferme d'Eugénie ne s'accommodait pas de mille craintes puériles qui eussent troublé une autre femme; mais elle était dans un lieu nouveau pour elle, et dont elle n'aurait pas su trouver la porte si elle eût eu l'intention de sortir; elle ne pouvait pas se cacher, et elle était jetée au milieu d'une entreprise périlleuse dont la moitié à peine était accomplie. Si avant d'arriver à l'opéra elle avait pensé que ce lieu était le meilleur qu'elle pût choisir pour se dérober à des poursuites qui peut-être n'auraient pas lieu, maintenant qu'elle était séparée de Joseph, elle pensait autrement, et elle aurait préféré le bouge le plus obscur, la mansarde la plus haute et la plus solitaire, à la loge où elle était bien seule, il est vrai, mais où elle était entourée d'une partie de la société de Paris. Parmi tous ces gens qui s'agitaient au-dessous d'elle, et dont elle pouvait distinguer les traits, peut-être il y avait des personnes qui la connaissaient personnellement, qu'elle avait vues dans le salon de son père; peut-être son père et sa mère se trouvaient-ils à cette représentation! L'habit qu'elle portait, cet habit qui la déguisait, était encore pour elle un sujet d'inquiétude; certes, un uniforme d'aide-de-camp, un chapeau à plumes et une épée, sont une protection, mais tant qu'on pense que c'est un homme qui porte cet accoutrement militaire; et si on vient à regarder ce héros sous le nez, et qu'on aperçoive des traits ronds et délicats, un menton rose et des yeux doux, si monsieur l'officier ouvre la bouche, et qu'au lieu d'accens mâles et graves on entende une petite voix flûtée, alors l'habit ne protége plus, il devient au contraire un motif d'insulte et de moqueries. Eugénie appréciait fort bien tout cela, et elle tremblait à la seule idée de s'être mise dans une position où quelque circonstance fortuite pouvait se présenter et la plonger dans un abîme de douleur et de tourment. Que dirait-on dans le monde ? « Monsieur et madame O'Flahers ont mis leur fille au couvent, elle s'est fait enlever par un officier, et on l'a surprise à l'Opéra habillée en homme!

Tant que Joseph avait été auprès d'elle, des réflexions semblables tombaient d'elles-mêmes; il l'aurait défendue au prix de tout son sang, et les gens qui sont assez lâches pour insulter une femme, ou pour abuser d'une position délicate, ne le font jamais quand il faut traverser la poitrine d'un homme pour arriver jusqu'à elle.

Néanmoins Eugénie savait que la loge où elle se trouvait était sa propriété jusqu'à la fin du spectacle, et il n'était pas probable qu'on vînt l'y troubelr. Après la sortie de Joseph elle avait entendu des paroles insignifiantes.

« Quoi, c'est vous!

« — Oui, monsieur, c'est moi; et pourquoi pas?

« — Ah, ah! vous êtes ici, monsieur; il y avait long-temps que je ne vous avais rencontré.

« — Depuis le jour où vous me fîtes l'honneur de...

« — Précisément.

« — Ah! c'est bien.

« — Très-bien.

« — A vos ordres. »

Alors on s'était éloigné et elle n'avait plus rien entendu.

Peu à peu elle reprit sa tranquillité, et réfléchissant que l'absence de Joseph ne pouvait pas être longue, ses yeux se tournèrent de nouveau vers le théâtre, et le spectacle absorba toute son attention. L'action dramatique sans avoir cessé entièrement était suspendue, à la magie du chant avait succédé celle de la danse, des groupes nombreux de jeunes nymphes traversaient le théâtre avec leurs robes légères, leurs roses dans les cheveux et leurs guirlandes de fleurs : *troupe agile et dansante*, comme dit le poète, leurs pas étaient si vifs et si précipités qu'on eût dit qu'elles volaient, tant elles mettaient de légèreté à parcourir les planches rebondissantes du théâtre. Zéphyr, avec ses petites ailes de papillon, voltigeait au milieu de toutes les suivantes de Flore, et quoique les costumes de 1788 ne fussent pas d'une exactitude aussi rigoureuse que ceux de nos jours, l'Opéra présentait alors assez de vérité pour produire une illusion complète sur Eugénie. Ce qui l'étonnait surtout était la grâce et la beauté de toutes ces nymphes ; toutes étaient jeunes et belles. Ces phénomènes remarquables existent encore ; allez à l'Opéra, et depuis mademoiselle Taglioni jusqu'à la dernière figurante, toutes sont belles, toutes sont gracieuses et ressemblent à des divinités descendues de l'Olympe pour nous charmer. Nous ne garantissons pas que le matin, au saut du lit, il n'y ait quelques-unes de ces dames qui soient laides, quelques-unes qui soient ridées ; mais dès qu'elles mettent le pied sur les planches du théâtre, les rides s'effacent et la laideur disparaît ; demandez plutôt aux provinciaux qui fréquentent l'Opéra.

Cependant le ballet finit, et il y eut quelque intervalle entre le second et le troisième acte de l'opéra. Eugénie commença de nouveau à concevoir quelques inquiétudes : l'absence de Joseph était longue, il tardait bien à venir ; elle écoutait à la porte et entendait des pas dans le corridor, et jusqu'à ce que la personne qui se promenait ainsi eût passé sans s'arrêter, elle frémissait. Elle jouait avec la garde de son épée, avec les boutons de son uniforme pour faire passer le temps ; mais le temps coulait lentement, toute cette foule, tout ce monde rassemblé l'embarrassait; elle aurait voulu être seule dans ce vaste théâtre, au risque d'y mourir de peur; au moins alors, si elle eût entendu des pas dans le corridor, c'eût été les pas de Joseph, et si un autre se fût présenté, elle n'aurait eu à rougir que devant une seule personne. Le troisième acte commença; elle entendit encore des chants, elle entendit les cris de l'amour maternel, elle vit une jeune fille marcher au bûcher; mais rien ne l'intéressait plus, ni les accens de Gluck, ni le jeu des acteurs, ni les émotions de plaisirs que recevait la foule. Enfin la toile tomba, elle vit tout le monde se lever et s'agiter comme les abeilles d'une ruche quand les habitans de ce petit royaume sont trop nombreux, et qu'une partie va quitter le palais de cire pour essainer loin de là, chercher d'autres fleurs et produire d'autre miel; le bruit augmentait ; on n'entendait que ces cris jusque dans les corridors :

« Les gens de madame la marquise!

« — Le coupé de monsieur le chevalier est à droite en sortant.

« — La calèche de monsieur le comte est prête. »

Ce fut un moment de calme et de repos pour Eugénie; tout ce monde allait s'écouler, et Joseph allait nécessairement revenir ; il était impossible qu'il se fît jour parmi cette foule ; il ne pouvait donc pas paraître tout d'un coup ; c'était une halte dans son esprit, un moment de relâche à ses inquiétudes. La foule s'écoula, quelques vieilles dames, qui ne voulaient pas s'exposer aux embarras du corridor, étaient encore dans leurs loges et se couvraient de leurs fourrures en attendant le moment de partir. Eugénie séchait d'impatience. Quelques amateurs intrépides étaient encore au parterre, ils discutaient avec feu, probablement sur le mérite de la pièce, sur Gluck et Piccini, dont le talent fut sur le point d'exciter la guerre civile, ou sur le jeu des acteurs; leurs voix résonnaient dans la salle vide, et Eugénie eût donné les trois plus belles années de sa vie pour qu'au milieu d'eux se trouvât Joseph. Mais ces messieurs avaient des houppelandes fourrées, des habits modestes et très-peu de poudre à leurs cheveux: c'étaient des hommes de lettres ou des épiciers retirés. Ils partirent enfin et la salle resta vide. Alors on releva le rideau, et sur la scène, sur cette scène qui venait d'être remplie par le sang des Atrides, que le fils de Thétis et de Pelée venait de parcourir en vainqueur, parut l'humble allumeur, avec sa veste grasse, ses mains huilées et sa culotte remplie de trous; il se baissa vers la rampe et souffla les quinquets, qui un à un s'étaignirent en fumant. Le cœur d'Eugénie battait vivement : elle entendait un bruit de portes qui s'ouvraient et qui se refermaient, et elle jugeait que sa présence dans sa loge ne pouvait être longue; mais qu'allait-elle devenir? Où était Joseph? Joseph l'abandonnerait-il? Oh! non, c'était impossible.

Elle leva la tête, et vit le lustre qui quittait sa place et descendait vers le parterre; c'était comme si le soleil se précipitait un jour du ciel, et tombait tout brûlant sur notre terre. Un homme attaché au théâtre parcourut le cercle lumineux, et éteignit un à un tous les quinquets; on n'entendait plus que le bruit de quelques ouvreuses attardées qui fermaient leur étroit vestiaire. La salle si bruyante et si animée quelques momens auparavant était devenue déserte; Joseph ne venait pas! Enfin la vieille femme qui les avait placés, ouvrit la porte de la loge :

« Eh! monsieur l'officier, dit-elle, vous vous êtes donc endormi? On a fini, il y a long-temps que le spectacle est terminé; allons, monsieur, il faut sortir. »

Tout était fini en effet; il fallait sortir. Eugénie eut un moment l'idée de tout avouer à cette femme, et de se mettre sous sa protection; mais la honte la retint, à peine si elle pouvait parler tant elle craignait d'être découverte. Cependant elle se hasarda à lui dire :

« Et ce jeune homme qui était avec moi, ce militaire?

« — Ce militaire? dit l'ouvreuse, il a trouvé des camarades, il a été causer avec eux au bout du corridor, et je ne l'ai plus revu. »

Eugénie baissa la tête, elle enfonça son chapeau jusque sur ses yeux, et elle sortit de la loge.

« Ce petit jeune homme a l'air d'avoir du chagrin, » pensa l'ouvreuse, et elle s'en alla, emportant une chaufferette de terre qu'on appelle *gueux*, et prit en tortillant le chemin de la porte de sa mansarde.

Eugénie suivait à quelque distance; elle parcourait les corridors déserts, silencieux, où à peine brûlait encore une lampe; elle interrogeait de l'œil tous les recoins de ce vaste édifice, partout cherchant Joseph; elle descendait, montait, redescendait encore, et quoiqu'elle vît bien qu'on ne la laisserait pas long-temps poursuivre sa recherche, elle ne pouvait se persuader que Joseph l'eût abandonnée.

« C'est impossible, disait-elle, il a été retenu par quelques affaires: M. le marquis de N*** l'aura fait attendre; mais il va venir, il ne m'abandonne pas.

Un gardien de l'Opéra se présenta a elle.

« On va fermer la porte, monsieur; monsieur cherche quelque chose? monsieur a perdu un bijou? si monsieur veut dire ce que c'est? »

Eugénie, pour se dérober à ces interpellations, et convaincue d'ailleurs que Joseph n'était plus au théâtre, sortit, et presque désespérée, elle se mit à errer tout autour du théâtre, comme une de ces ombres malheureuses que les anciens nous représentent tournant autour de l'Élysée sans pouvoir y pénétrer; elle prit à droite d'abord et fit quelques pas jusqu'à la porte Saint-Martin, ensuite elle s'engagea toute tremblante dans la rue de Bondy, tourna le théâtre, et remonta sur le boulevart à l'endroit même où est aujourd'hui le théâtre de l'Ambigu-Comique; personne sur le boulevart : le postillon qui devait les attendre à la sortie du spectacle avait disparu; cette circonstance l'inquiéta. Cependant elle attendit encore, et se promena devant le théâtre, le corps transi par le froid d'octobre. Les réverbères étaient éteints, et la lune brillait au milieu des nuages, puis un vent glacé fouettait son visage, et son œil parcourait l'immense étendue des boulevarts avec une inquiétude qui commençait à tenir du désespoir. Du côté de la Courtille venaient des buveurs attardés; elle essaya de se cacher sous le porche, mais la lune la trahit, et la bande joyeuse l'aperçut.

« Hohé, Pierre, regarde ce gentil officier; il attend sa belle. Hé! monsieur, avez-vous perdu votre chemin? voulez-vous savoir la route de Flandres? Ce n'est pas ici le chemin de Versailles?

« — Tais-toi donc, Thiébaut; quand tu as un verre de vin dans la tête, tu ne te connais plus; prends garde, cet officier va tirer son épée et ça va faire une querelle.

« — Oui, répondit Pierre, tirer son épée, je le lui conseille vraiment ; est-ce que tu crois que les gentilshommes aujourd'hui peuvent tuer le pauvre peuple comme lièvres et lapins ? Oh ! que nenni, le temps est passé. »

Eugénie tremblait de tous ses membres. La troupe passa ; mais à cette épreuve en succéda une autre. Une jeune femme, au regard effronté, à la mine impudique, et qui avait pris part aux joyeuses libations de ceux avec qui elle se trouvait, avait remarqué le brillant uniforme du jeune officier, sa joue rose, son menton sans barbe et toute sa tournure adolescente; elle crut trouver là une proie facile, resta en arrière de la troupe, et quand les buveurs eurent défilé, elle aborda Eugénie.

« Dis-donc, mon petit, veux-tu venir avec moi? dit-elle en adoucissant une voix que le rogome avait endurcie. »

Eugénie fit un pas en arrière; la coureuse de rues avança d'un pas.

«Ils m'appellent Rose la déchirée; mais regarde, je ne le suis pas tant qu'ils veulent le dire. »

Elle montrait, en parlant ainsi, sa figure effrontée, de belles dents blanches, un nez à la Roxelane, une petite fossette sous le menton, qui avait son mérite, et avançait vers Eugénie deux bras jeunes, rondelets, et sur lesquels de petites veines bleues couraient çà et là en faisant ressortir la blancheur de la peau. Rose la déchirée était une jolie femme, mais que le vice commençait à flétrir, et que dans peu de temps il rendrait sans doute méconnaissable : Telle qu'elle était, un jeune libertin aurait pu trouver dans sa rencontre, à cette heure de la nuit, une bonne fortune qu'il n'aurait pas dédaigné; mais Eugénie, quand une idée confuse de ce que voulait cette femme se présenta à elle, se sentit rougir de honte et trembler d'effroi; elle recula jusqu'à s'appuyer contre le mur du théâtre, et lui dit :

« Passez votre chemin, mademoiselle, passez votre chemin.

A cette voix flûtée, à ces sons doux, malgré l'espèce de frayeur qu'ils trahissaient, Rose la déchirée ne douta pas qu'elle n'eût affaire à un très-jeune homme qui n'avait pas encore débuté dans la carrière où elle était déjà si avant, et elle pensa que si elle parvenait à séduire ce bel officier, elle lui enseignerait des mystères inconnus. Et une chose semblable flatte toujours une femme comme les pareilles de Rose, à qui elle offre l'occasion de remonter au point d'où elles sont parties, et de retrouver peut-être leurs premières sensations. Mademoiselle Rose était très-friande, et elle se promettait de sa rencontre plaisir et gain; elle faisait des réflexions qui, en effet, n'étaient pas dépourvues de justesse.

« Ce petit officier, se disait-elle, est riche, il est fort riche; car il est si jeune que s'il n'appartenait pas à une famille très-opulente, il ne serait pas officier : il a une mère qui lui donne beaucoup d'argent, un père qui ne compte pas avec lui, quelque sœur mariée qui lui laisse mettre la main dans son secrétaire; et, s'il vient à m'aimer, il m'achètera de beaux meubles, il me donnera de belles robes, nous ferons de belles parties ensemble, et beaucoup m'appelleront Rose la déchirée sans être si bien nippée que moi. »

Ces réflexions faites, Rose s'acharna après sa victime.

« Mon petit ami, lui dit-elle en se rapprochant d'elle, il ne faut pas avoir peur comme ça; je ne veux pas vous faire de mal, au contraire; je vous aimerai beaucoup, mon petit ami; venez chez moi. Vous croyez peut-être que je suis une coureuse et que je n'ai ni feu, ni lieu; oh! que nenni; suivez-moi seulement, je vous mennerai dans la rue Chapon, la maison qui fait le coin: vous monterez un peu haut, mais vous verrai une jolie chambrette bien propre, un lit avec des draps blancs, une commode de noyer, un petit miroir pour faire votre toilette demain matin, et puis aux murailles l'histoire de Joseph et de madame Putiphar; venez donc, mon petit. »

Et elle avait posé sa main sur la manche de l'habit d'Eugénie; celle-ci écoutait, le visage caché dans ses mains. Mademoiselle Rose, ne recevant point de réponse à l'énumération pompeuse de ce qu'elle possédait et de ce qu'elle offrait, pensa que ce bel insensible avait quelque chagrin secret; mais voyant qu'on l'écoutait, elle continua :

« Est-ce que tu me méprises parce que je viens de la barrière? Eh bien! tu aurais tort; c'est Joseph, vois-tu, qui m'y a conduite, mais vrai, comme il n'y a qu'un Dieu, je n'ai touché ni à leur vin, ni à leur ragoût.... Ah! je vois ce que c'est.... : tu es là à la porte de l'Opéra, comme une âme en peine; tu attends ta belle... une danseuse, peut-être, qui s'est échappée dans la foule, ou bien par quelque porte de derrière, et qui, tandis que tu es là à te morfondre, est dans les bras de tes camarades, ou bien soupe avec un ambassadeur. Tu es peut-être amoureux d'une chanteuse? Mais il n'y a plus personne au théâtre; tiens, regarde, les loges où s'habillent ces dames sont toute noires; on n'y voit pas une lumière, tout est parti.... Si j'avais voulu, moi aussi, j'aurais été danseuse : un garde-du-corps voulait me faire entrer à l'Opéra ; je prenais des leçons de M. Vestris, *lou diou de la danse*, mais je n'ai pas voulu. Ça me fatigait trop les bras et la plante des pieds. »

Pendant que mademoiselle Rose parlait ainsi, Eugénie réfléchissait profondément. Il était évident pour elle qu'elle était trahie, abandonnée. Ainsi l'homme qu'elle aimait l'avait perdue! De sinistres pensées se pressaient en foule dans son esprit. Connaissait-elle bien Joseph, en effet. Qu'est-ce que c'était que ce jeune homme ? il l'aimait depuis son enfance, il était vrai, mais savait-elle jusqu'à quel point il l'aimait, et si ce jeune homme n'avait pas plus d'orgueil que d'amour? Si M. Joseph Buchet voulait se venger des insultes de la famille O'Flahers, s'il avait formé le projet d'humilier ces nobles qui le méprisaient tant, et de les déshonorer dans sa personne à elle? alors que devenait-elle? Une fois sous l'empire de cette idée, elle crut voir tout disposé pour cette trahison : son enlèvement du couvent, qui ne pouvait manquer de devenir public, et qui irriterait, et contre les nobles, et contre le clergé, une population qui déjà commençait à s'élever contre ces deux classes; ce costume qu'on lui avait fait prendre, et qui prêterait de nouvelles armes au ridicule dont elle serait couverte. Enfin, Joseph l'avait traînée à l'Opéra, au milieu d'une foule immense, certain que dans tout ce monde il se trouverait des gens qui la connaissaient, qui connaissaient son père, sa mère, sa famille, son nom. A quelles gémonies avait-il donc voulu la conduire? Deux heures auparavant elle regardait l'Opéra comme le lieu le plus sûr et le plus secret; maintenant, elle comprenait que c'était une espèce d'exposition publique que ce lâche avait voulu lui faire subir. Ainsi, il l'avait abandonnée! Avec l'amour dans les yeux, avec des paroles d'amour dans la bouche, il avait médité la trahison la plus cruelle et la plus odieuse, il avait calculé et accompli la vengeance la plus sanglante; car elle n'en doutait plus, elle était trahie, trahie par Joseph, qui s'était joué de la foi des sermens, de la sainteté des autels et de son innocence de jeune fille... Son innocence de jeune fille! qu'était-elle devenue?... Que s'était-il passé dans cette hôtel du *roi de Prusse*, qu'elle quittait à peine? A ces pensées une sueur froide coulait de son front, et des idées de suicide venaient l'importuner. Cette jeune femme déhontée et si dissolue, qui était devant elle, et qui la sollicitait à une action qu'elle commençait à peine à comprendre, cette jeune femme la faisait frémir; il lui semblait qu'elle était jetée dans un chemin qui aboutirait au même terme que celui auquel était arrivé Rose la déchirée.

Eugénie était, nous l'avons dit, d'un caractère ferme et décidé; elle comprit enfin que dans un malheur extrême, dans un malheur comme le sien, la chose la plus dangereuse était de s'abandonner soi-même; et, sans pourtant reprendre courage, elle chercha les moyens de sortir de l'embarras et de l'agonie dans lesquels elle se trouvait. Que faire? Retourner chez son père, elle aurait préféré la mort; elle pouvait aller chez Rose Duclos, se confier à Jérôme; mais peut-être Rose et Jérôme étaient les complices de Joseph; d'ailleurs elle ne savait pas leur demeure, et le lecteur sait aussi que, si elle avait pris ce parti, elle n'aurait trouvé personne chez Jérôme, que le vieux père Duclos, qu'Eugénie ne connaissait pas. Elle eut un moment l'idée de se fier à cette fille qui était devant elle, à cette Rose la déchirée qui lui tenait des propos moitié mielleux, moitié obscurs; c'était au moins un asile. Mais le lendemain arriverait bientôt; et d'ailleurs à quelle honte ne serait-elle pas soumise? Il fallait faire l'aveu de son sexe, et où? dans une maison de prostitution ; et à qui? et à quelle femme?... Non, c'était impossible.

Cependant le temps s'écoulait; Eugénie jetait de côté et d'autre des regards effrayés, et la dernière lueur d'espérance s'éteignait. Enfin elle vit venir un fiacre; le cocher gagnait doucement la rue de Lancry, où de l'Ane-gris, comme beaucoup de gens l'appelaient alors; il avait fini sa journée et calculait son gain dans sa tête. Eugénie eut une idée subite, et llee appela l'Automédon aviné.

« Cocher; cocher dit-elle. !

« — C'est cela, interrompit Rose

qui crut avoir décidé son officier; c'est cela : il n'y a pas loin d'ici chez moi, mais tu ne veux pas me laisser aller dans la crotte, tu es trop galant pour faire trotter à pied une jolie maîtresse. Allons donc, cocher, avance.»

Le cocher était indécis; il était tard, ses chevaux ni lui n'avaient soupé; il avait fait une assez bonne journée. Cependant il vit reluire les épaulettes d'Eugénie, il se décida; il arrêta ses deux rosses, et s'avança sous le porche du théâtre. Dans ce temps-là, les officiers se permettaient encore quelquefois de battre les cochers.

« Allons, mon officier, me voici, où faut-il vous mener? »

Le cocher jeta négligemment les rênes sur son siége, il descendit et ouvrit la portière.

Une idée subite frappa Eugénie et la jeta dans de nouvelles craintes; elle n'avait pas un sous; alors ses jours passés lui revinrent en mémoire; elle songea à son père, à sa mère, à cette éducation douce, religieuse et morale qu'elle avait reçue, à son amour pour l'homme sans foi qui l'abandonnait, à sa réclusion au couvent, à ces bonnes religieuses qui l'aimaient, comme elles savent aimer une étrangère dans laquelle elles redoutent une rivale, à la pompe des cérémonies, au luxe de l'autel, et maintenant, perdue dans une ville immense, déshonorée et en la compagnie d'une fille et d'un cocher, il fallait sans doute se résigner à les avoir l'un ou l'autre pour confidens et peut-être tous deux. La foudre était tombée à ses pieds, elle allait éclater, lorsque tout d'un coup la figure noble et paternelle de l'archevêque qu'elle avait vu officier au couvent des Annonciades lui revint à la mémoire; elle ne savait pas ce qu'elle lui dirait; mais elle pensa qu'elle pouvait se mettre à couvert sous son appui bienfaisant; elle pensa même que lui seul pouvait la sauver. S'élançant donc avec vitesse sur le marchepied déjà entr'ouvert, et sur lequel Rose la déchirée posait son soulier crotté, elle éloigna cette fille, s'élança dans la voiture, et dit au cocher :

« A l'Archevêché. »

Celui-ci referma la portière, et dit en remontant sur son siége :

« Va-t'-en donc, margot, il n'y a rien à faire ici pour toi. »

Rose la déchirée était immobile et tout étonnée contre une borne du boulevart; elle ne s'était pas attendue à ce dénoûment, et quand elle vit la voiture rouler, elle se dit en poursuivant son idée :

« Je le crois bien, le neveu d'un archevêque! »

CHAPITRE VI.

M. le vicomte du Terrier sortit de chez madame O'Flahers content comme un mousquetaire qui peut faire résonner des doubles louis dans sa poche; il avait dans son gousset, en effet, de quoi payer les frais de l'expédition qu'il projetait, et, sans lésiner sur les frais, il pouvait encore passer quelques heures joyeuses avec l'argent de madame O'Flahers. Il se rendit chez lui, et fit une toilette pour se rendre à l'Opéra; son or, négligemment jeté sur un meuble, était là qui reluisait à travers les mailles d'une bourse de soie.

« Parbleu, se dit-il, c'est une belle chose que de l'or! voilà de quoi contenter toutes mes passions : ma veangeance d'abord. M. Joseph va payer ses premières épaulettes, ensuite une nuit de la vive et séduisante Charlotte. »

Charlotte était sa danseuse.

« Elle sera à moi jusqu'à mon départ, poursuivait-il en lui-même; et pour quelques heures du moins je pourrai l'emporter sur un ministre, sur un ambassadeur, sur un mylord, sur un nonce du pape. »

Son imagination s'enflammait; il se représentait tous les baisers de la nuit, et cette séduisante danseuse au corps suave et frétillant, l'enivrement du champagne, le luxe gracieux des meubles du soir, le sommeil volupteux sur l'édredon, et le réveil heureux du matin, que de nouveaux plaisirs doivent suivre, avec des équipages, des chevaux, des laquais et tout le faste d'un homme riche.

« Parbleu, se dit-il, je suis bien modeste et bien timide : comment, ma noblesse est ancienne, M. O'Flahers est riche, madame O'Flahers est dans mes mains, puisque j'ai son secret; mademoiselle O'Flahers est jolie, et je ne l'épouserais pas. Je laisserais cette perle si bien entourée d'or et de diamans à un Ecossais, un lourdeau de Dublin, un Ferragus qui doit avoir le crin rouge et la mâchoire inférieure avancée comme tous ses compatriotes. Non, certes, j'épouserai mademoiselle O'Flahers, ou nous verrons beau jeu. Oui, M. O'Flahers consentira, sa femme l'y forcera, ou je leur lâche M. Joseph Buchet. »

Il y avait encore un espoir pour le pauvre jeune homme.

Cependant le vicomte alla chez sa danseuse; il fut aimable et galant. Mademoiselle Charlotte devait danser le soir même une chaconne où elle était ravissante. On fut à l'Opéra, la jeune danseuse prit en sautillant le chemin des coulisses, et M. le vicomte celui de la salle. Dans les corridors, du Terrier fut rejoint par de jeunes officiers, comtes et marquis?

« Eh bien, vicomte, à quand le départ?

« — Après demain, marquis.

« — Bien; toujours avec le fils du savetier.

« — Ce n'est pas sûr, répondit

du Terrier avec un sourire mystérieux.

« — Ah ça, mais ce gaillard tire bien l'épée, dit un des jeunes gens; il t'a dit son fait, du Terrier; le sang d'un gentilhomme à *coulé*, et le vilain s'en est retiré sain et sauf. Mais dis-moi, vicomte, avait il bien une épée. Tu n'as pas bien vu, ce n'était peut-être qu'une alêne. »

M. du Terrier enrageait, son amour-propre était blessé; mais il ne fallait rien dire, pour ne pas faire avorter sa vengeance en la racontant; il ricanait, souriait du bout des lèvres, et cherchait à changer de propos, lorsqu'arriva un jeune homme, gai et joyeux, la figure riante et l'air affairé du porteur d'une nouvelle intéressante.

« Hé! du Terrier, te voilà ; ton homme est ici.

« — Mon homme ! quel homme?

« — Parbleu, celui avec lequel tu vas faire sept ou huit cents lieues ; le lieutenant Buchet, qui ta donné un si joli coup d'épée.

« — Pas possible.

« — Si fait, vraiment; mais, messieurs, faites-moi le plaisir de me dire quel est le gentilhomme assez lâche pour frayer avec ce maraud-là : il mériterait d'être dégradé de noblesse.

« — Que veux-tu dire?

« — Parbleu ! ce que j'ai vu ; Joseph Buchet est à l'Opéra, ce soir, avec un officier.

« — Comment donc? dit la troupe de jeunes nobles, mais c'est affreux ; ce sera quelque cabaliste, quelqu'un de la maison de Monsieur. »

On discuta, on disputa, on s'échauffa sur ce sujet, et le résultat de la délibération fut que Joseph Buchet avait absolument besoin d'une leçon, et qu'il fallait qu'il eût sur les oreilles.

« Du Terrier, dit un de ces messieurs, il ne faut pas manquer cette occasion : tu n'as plus qu'un jour pour te venger ; une fois parti, M. l'ambassadeur ne permettra plus ni duel, ni rencontre ; il faut en finir ce soir.

« — C'est cela! dit un petit marquis avec une voix aigrelette ; on se battra aux chandelles, j'aime ça, moi. Il y a deux ans, j'ai mis à minuit et demi une balle dans l'épaule d'un Anglais qui avait osé dire *goddam youl eyes* à un président avec lequel j'étais du dernier bien ; oh! il n'y a rien de joli comme les combats de nuit.

« — Mais si le vilain ne mord pas à l'ameçon, s'il ne veut pas se battre?

« — Alors, dit gravement un petit capitaine à demi-ivre, nous le ferons bâtonner, nous avons nos gens.

« — C'est vrai, c'est vrai, reprit en chœur toute la troupe de fous, que des émotions pareilles faisaient palpiter d'aise. »

Le vicomte du Terrier était brave ; cependant il ne se souciait nullement d'avoir un duel nouveau avec Joseph Buchet, d'abord parce qu'il pouvait attraper un mauvais coup, et que cela aurait nui au plaisir qu'il se promettait avec sa danseuse, ensuite parce que cela était parfaitement inutile : il allait, dans quelques heures, se venger sans dégaîner, et il avait peu d'envie de remettre au hasard une vengeance certaine; mais il était difficile d'échapper à l'ardeur de ceux qui l'entouraient, et il sentit qu'il était dans une position où il ne lui était pas permis de reculer d'un pas; il fit donc contre mauvaise fortune bon cœur, et répondit avec une gaîté un peu forcée :

« Oui, oui, messieurs, vous avez raison, il faut que je me venge : le petit monsieur aura sur les oreilles : qui veut me servir de témoin?

« — Moi, moi, moi, s'écriaient vingt voix.

« — Je parie cinquante louis, dit un grand jeune homme blond, que du Terrier l'enfilera comme une allouette.

« — Moi, je parie pour un coup de pointe dans l'estomac : du Terrier est fort pour les coups de pointe.

« — Prenez garde, messieurs, prenez garde ; n'était que c'est un vilain, je parierais pour M. Buchet ; le drôle manie bien l'épée, à ce qu'il paraît, et le vicomte en sait quelque chose.

« — Messieurs, après le combat, un souper chez le suisse des Tuileries.

« — Va pour un souper. »

M. du Terrier donna ordre à un domestique de faire approcher une voiture ; le domestique avait le mot, il alla chercher la chaise de poste qui devait servir à l'enlèvement de Buchet et le conduire en Normandie; alors tous les jeunes fous quittèrent le foyer, et coururent de loge en loge, interrogeant les ouvreuses et cherchant partout deux officiers ; ils frappaient à droite et à gauche :

« N'y a-t-il point ici deux officiers? Ah! pardon , madame, jene savais pas;... nous nous trompons... c'est plus haut sans doute... Où diable se sont-ils nichés... ils sont sortis, peut-être, cela serait malheureux. »

Là, ils dérangeaient deux amoureux, ici une baronne en bonne fortune, plus loin, une fille qui était en train de persuader à un vieux président qu'il lui fallait absolument une parure de diamans; dans une autre loge, ils réveillaient un financier qui s'était endormi aux accens mélodieux de Gluck ; enfin ils arrivèrent dans le corridor étroit et surbaissé du ceintre, et là ils s'adressèrent à une vieille ouvreuse, tristement assise sur une vieille chaise de paille :

« Dites donc, ma petite vieille, dit un de ces jeunes gens, en mettant un écu de six livres dans la main de l'ouvreuse, je ne vous demande pas les mystères de vos loges; il faut laisser tranquille l'amour heureux ; mais je veux savoir si vous n'avez pas ici deux officiers...

« — Deux officiers! reprit l'ouvreuse en mettant l'écu de six livres dans sa poche; oui, mon beau monsieur, j'ai deux officiers dans cette loge que vous voyez là à ce numéro.

« — Fort bien; il y a un de ces messieurs qui se nomme Joseph Buchet, le plus grand, allez lui dire qu'on le demande; nous l'attendons; pas davantage.»

L'ouvreuse partit en trotillant, et fut frapper à la loge qu'elle-même venait de désigner.

Joseph Buchet sortit.

« Monsieur, lui dit un des officiers, nous avons un mot à vous dire.

« — A moi ?

« — Oui, à vous. Vous avez une vieille querelle avec M. le vicomte du Terrier.

« — Point du tout, monsieur; nous en avons eu une, elle a été vidée.

« — Oh! non, reprit en ricanant le jeune seigneur, M. du Terrier et vous, vous vous portez parfaitement bien l'un et l'autre, et vous sentez qu'alors la querelle est entière. »

On sait quelle personne était dans ce moment sous la sauve-garde de Joseph; il se troubla.

Le jeune noble le remarqua; il

prit un ton très-cérémonieux et continua. »

« Vous êtes, monsieur Joseph Buchet, un homme fort heureux. Né dans une échoppe, vous avez reçu de l'éducation; né pauvre, vous êtes devenu riche; fils d'un savetier, vous êtes entré dans les armées du roi; enfin la noblesse vous fait toutes ses politesses, toutes ses avances; elle vous fait l'honneur de croiser son fer contre le vôtre; entendez-vous, monsieur, M. le vicomte du Terrier que vous avez déjà blessé, est là à deux pas de nous; il veut une revanche, il veut une rencontre à l'heure même : il le faut et on vous attend. »

Un léger ricanement perçait dans la voix et les gestes de la personne qui parlait à Joseph. Le sang de celui-ci bouillait dans ses veines. Il s'était attendu, en entrant dans l'armée en dépit des préjugés de ce temps, à rencontrer des obstacles sous tous ses pas; mais il ne les avait pas calculés pour le moment critique où il se trouvait, et il sentit avec effroi quelle chance cruelle allait subir le bonheur et la vie d'Eugénie. Cependant il se trou vat dans une position telle qu'il ne pouvait pas reculer; les jeunes gentilshommes l'entouraient, et déjà l'ironie sanglante se mêlait à la politesse étudiée des duellistes.

« Monsieur le lieutenant doit sentir, dit le premier interlocuteur, que, puisqu'il part, dans deux heures il n'y a pas une minute à perdre, et que le vicomte ne peut pas attendre.

« — Oh! nous sommes persuadés que Monsieur Joseph Buchet n'est pas homme à reculer d'une semelle, dit un autre.

« — C'est une petite affaire en l'honneur de sa dame, reprit un troisième. »

Celui-là ne croyait pas si bien dire.

« Messieurs, dit Joseph Buchet en regardant à sa montre, je suis aux ordres de M. le vicomte, quoique je ne vois pas précisément ce qu'il peut vouloir encore..., peut-être un second coup d'épée. Allons messieurs, je suis prêts ; mais que M. le vicomte se hâte, je n'ai qu'une demi-heure à lui donner.

« — C'est cela, c'est cela même, dirent-ils tous; une demi-heure, cela suffit. Monsieur Joseph Buchet, reprirent encore les jeunes gens, plus fous que méchans, si vous êtes heureux, nous reviendrons voir le ballet, et après, nous irons souper chez le suisse des Tuileries ; si non, nous vous confierions à un chirurgien fort habile, et ce sera du Terrier qui soupera avec nous.

« — Mille pardons, monsieur, mais si je suis plus heureux que

M. le vicomte, je vous demanderai ma liberté.

« — Ah! reprit un des jeunes gens, vous avez un témoin? Ce jeune officier qui est dans votre loge; je vais le prévenir.

« — Arrêtez, s'écria Joseph, arrêtez, il faut que ce jeune homme ignore ce qui va se passer, il le faut absolument. Je vous crois trop homme d'honneur pour vous y opposer et pour me demander mes raisons.

« — Cela suffit, monsieur, lui répondit-on.

« — Quant à un témoin, je pense, messieurs, que parmi vous je trouverai facilement quelqu'un qui voudra bien croire pendant quelques minutes que je ne suis point un lâche... Vous faciliterez, messieurs, une affaire que vous avez provoquée. S'il en était autrement, je me présenterais seul devant M. du Terrier : je ne vous crois, ni vous ni lui, des assassins.

« — Ah ! sans doute, mais c'est très-vrai... Voilà qui est parfait, ma parole d'honneur.

« — Monsieur, dit un de ces jeunes gens en s'avançant vers Joseph et en lui prenant la main, si vous voulez me le permettre, je serai votre témoin, moi... et s'il le faut, votre second.

« — La première de ces deux

choses suffit, répondit Joseph; je ne veux point vous engager autrement dans ma querelle; je vous remercie, monsieur. »

Les jeunes gens entourèrent alors Joseph, et ils s'avancèrent vers l'endroit où, comme nous l'avons dit, se trouvait du Terrier. Celui-ci salua de la main son adversaire, et tous descendirent l'escalier tournant du théâtre. A la porte, ils trouvèrent des voitures parmi lesquelles se trouvait celle que M. le vicomte du Terrier avait destinée à enlever Joseph. Ces jeunes gens y montèrent, et on dit aux cochers.

« Au bois de Boulogne.

« — Non, reprit Joseph, c'est

trop loin pour moi ; je vous ai dit que j'avais fort peu de temps à donner à M. le vicomte. »

Les voitures se dirigèrent alors vers la rue *Grange-aux-Belles*, et atteignirent bientôt un terrain alors vague et inégal, que l'on a applani aujourd'hui, et où les citoyens qui composent la cinquième Légion de la garde nationale, se rendent ordinairement pour s'exercer aux évolutions de l'école de bataillon et au maniement du fusil. Alors, un gazon épais couvrait la terre, et les maisons qui avoisinent aujourd'hui ce lieu n'existaient pas; il avait l'air d'un endroit désert et abandonné : du reste, il était à peu près tel qu'il est maintenant.

Cependent deux de ces jeunes gens, ou plus impatiens que les autres du spectacle dont ils allaient jouir, ou plus prévoyans, avaient couru chez l'épicier voisin, et s'étaient pouvusd'un fusil, d'allumettes et d'un paquet de bougies. Après avoir fait cette emplette, ils se dirigèrent vers les voitures, mais toutes étaient parties ; alors ils avisèrent la chaise de poste de Joseph, qui stationnait non loin du théâtre : le pastillon avait ses grosses bottes, les chevaux leurs grelots et leurs attelages de cordes, tout indiquait que cette chaise attendait un voyageur qui d'un moment à l'autre pouvait arriver, faire partir les chevaux et quitter Paris : cela était évident, et les deux jeunes fous qui s'approchèrent du postillon n'en doutèrent pas un instant; mais que leur importait? ils ne voulaient pas manquer un duel et ne voulaient pas aller à pied.

« Holà, postillon, avance ici?

« — Pourquoi, notre maître.

« — Pour nous conduire au bout de la rue Grange-aux-Belles.

« — Bath.

« — Bath! que dis-tu, marouffle? tu raisonnes, je crois; allons, à bas de ta rosse, et ouvre-nous la portière.

« — Mais, mes maîtres, dit le postillon ; vous vous trompez, je ne suis point un cocher de fiacre ; ceci est une chaise de poste qui appartient à deux officiers qui sont là dedans, à l'Opéra, fit le cocher en montrant le théâtre du bout de son fouet.

« — Un officier, reprit un des deux jeunes gens en ouvrant lui-même la portière, tandis que son compagnon tirait son épée pour piquer le derrière du postillon, un officier! Eh bien! il est des nôtres; nous sommes tous là-bas au bout de la rue Grange-aux-Belles. »

Le postillon hésitait si, d'un côté, il fallait obéir à la pointe de l'épée qui le menaçait; de l'autre, l'officier qui l'avait mis de piquet à la porte du théâtre, avait aussi une épée, et ne pouvait manquer de lui faire un mauvais parti. Néanmoins, le danger présent lui parut le plus grand, et il se résolut à l'éviter d'abord, sauf à voir ensuite comment il agirait. Il descendit donc de cheval, referma la portière sur les deux jeunes gens, et, enfourchant de nouveau sa bête, il se dirigea vers la rue Grange-aux-Belles.

Cependant Joseph Buchet et M. le vicomte du Terrier étaient arrivés sur le lieu choisi pour le combat, et même se trouvaient en présence. La lune était levée et brillait sur toutes les touffes de gazon qui verdissaient çà et là. Joseph s'avança vers M. du Terrier et lui dit :

« Monsieur, le motif de notre querelle a été d'abord léger ; j'ai été plus heureux que vous sur le terrain ; mais je ne croyais pas que ce fût un motif pour renouveler une affaire terminée ; je dois d'ailleurs vous faire remarquer que je n'étais pas l'agresseur, et je tiens à bien établir ici qu'encore aujourd'hui je ne le suis pas. »

Le témoin de Joseph prit alors la parole dans l'intérêt de celui qu'il allait soutenir de sa présence; la qualité d'agresseur enlevait l'avantage du choix des armes, et il s'était engagé à soutenir les droits de Joseph.

« Messieurs, dit-il, vous savez la vérité, M. Joseph Buchet ne recherchait *nullement le combat*, c'est nous qui l'avons amené ici; il y est, et il a droit à tous les avantages de sa position.

« — C'est vrai, c'est vrai, s'écrièrent tous les jeunes gens. »

Cependant M. le vicomte du Terrier restait immobile et ne répondait pas.

« Monsieur le vicomte, reprit Joseph, c'est à vous que j'ai l'honneur de parler. »

M. le vicomte fit un léger signe

de tête, en gage d'assentiment.

« Ainsi, monsieur, reprit encore Joseph, vous avouez que je suis ici pour condescendre à vos désirs, et que je n'ai nullement provoqué ce nouveau combat? »

M. du Terrier fit un nouveau signe affirmatif.

« Et vous demandez le combat? dit encore Joseph.

« — Oui, monsieur, reprit du Terrier d'une voix très-basse. »

Nous avons dit les raisons qu'avait M. du Terrier pour ne pas se mesurer de nouveau avec Joseph, et le lecteur sait quel puissant intérêt avait le jeune amant d'Eugénie à ne pas compromettre, dans ce moment, sa liberté ou son existance, de façon que rien n'eût été plus facile que d'accommoder une affaire dont le motif était léger ou même ridicule, et dont les acteurs avaient une égale répugnance à se mesurer. Mais il n'en était pas de même de la galerie: tous ces jeunes gentilshommes étaient impatiens de voir un combat; ils n'avaient pas précisément soif de sang, mais d'une émotion qui cependant n'était pour eux ni nouvelle, ni rare. Ils espéraient aussi voir le tiers-état humilié dans la personne de Joseph: c'était, comme ils l'avaient dit, une revanche qu'il leur fallait. La seule excuse dont on puisse colorer leur conduite, c'est que le combat qu'ils sollicitaient pour d'autres, ils l'auraient accepté pour eux avec la même indifférence. Leurs ancêtres aimaient aussi le duel, et s'en remettaient volontiers à ce qu'ils appelaient *le Jugement de Dieu;* mais les combats des anciens chevaliers étaient environnés de tout l'appareil d'une cérémonie, qui, civile, militaire et religieuse, avait un triple attribut; il y avait des parrains, des seconds, des juges du camp; on apportait le livre des évangiles, et les combattans entendaient la messe et communiaient. A la fin du dix-huitième siècle, on se battait avec un simple témoin, personnage indifférent qui regardait l'affaire comme des joueurs émeutés regardent une partie d'échecs au café de la Régence : se lieu, l'heure, le sujet du combat était indifférent pour si peu de chose.

Joseph alors tira son épée.

« Monsieur, dit-il, mon arme est celle que le roi et la nation m'ont donnée ; en avant donc, je suis à vous; la lune nous éclaire suffisamment, et je vous l'ai dit, j'ai très-peu de temps à vous donner.

« — Non, monsieur, non, *dit le* petit marquis à la voix criarde, on n'y voit pas assez ; d'ailleurs nous attendons des bougies.

« — Je suppose, reprit Joseph,

avec impatience, que M. le vicomte du Terrier, après m'avoir enlevé à mes plaisirs ou à mes affaires, ne recule pas.

« — En aucune manière, dit froidement du Terrier. »

Dans ce moment, on entendit les grelots de la chaise de poste, et Joseph en jetant un coup d'œil sur cette voiture qui arrivait, reconnut sa chaise avec amertume. Cet incident tout léger qu'il était, dérangeait une partie de ses calculs et pouvait retarder son départ; cependant il comprit qu'en se hâtant il pouvait encore se rendre maître des événemens. Et pas un ami à qui il pût se confier ! Jérôme était parti, Eugénie ne savait rien et ne devait rien savoir; certes, il avait lieu de penser que pour lui la chance était plus périlleuse et plus fatale que pour son adversaire, et qu'il mettait un enjeu bien plus important que celui de du Terrier. Il s'approcha de celui qui s'était offert pour lui servir de témoin, et lui dit :

« Monsieur, recevez d'abord mes remerciemens pour ce que vous faites pour moi, ensuite, je vous en supplie, faites qu'on se hâte.

« — Vous êtes pressé, monsieur?

« — Il me semble, monsieur, qu'en me saisissant comme on l'a fait, sans s'informer ni de mes affaires, ni de mes intentions, on a manqué de générosité. Vous conviendrez facilement que je puis être dans une position telle que j'ai besoin de tous mon temps et de toutes mes facultés; au moins que l'on accède à la seule condition que je mette; encore une fois, que l'on se hâte.

« —Vous avez raison, monsieur, reprit le témoin. »

FIN DU TROISIÈME VOLUME.

Sans me contraindre au moins je
Seul, je saurai du sort épuiser la
Partons, délivrons-nous d'un mon

Je découvre déjà le fertile vallon
Qui de Paris entoure les murail
Déjà je reconnais le sinistre sillon
Que creuse dans les champs le cha
Il renouvelle en moi de pénibles
Mais il conduit au moins au séjo
Allons y retrouver l'ombre mélan
Et du saule funèbre et du triste c
Mais gardons-nous d'entrer dans

ıx pénétrer dans cet enclos agreste,
est humble et là douleur modeste:
la tombe avec un saint respect,
e la croix le consolant aspect
cœur vers le trône céleste.
nis ce séjour de silence et de deuil,
ir à Dieu mon âme repentante,
cendre du cercueil
ouvrir ma tête pénitente.
mp de la mort quand je franchis le seuil,
enfant à mes yeux se présente?
s expriment la douceur :

www.ingramcontent.com/pod-product-compliance
Ingram Content Group UK Ltd.
Pitfield, Milton Keynes, MK11 3LW, UK
UKHW021129220726
13924UKWH00004B/1976